# ZENTREN DES ÖKOTOURISMUS
## *Brasilien*

Föderative Republik Brasilien
*Fernando Henrique Cardoso*
Präsident

Ministerium für Sport und Tourismus
*Carlos Melles*
Minister

Brasilianisches Institut für Tourismus – EMBRATUR
*Caio Luiz de Carvalho*
Präsident

*Bismarck Pinheiro Maia*
Direktor für Wirtschaft und Förderung

*Ubiratan Simões Rezende*
Direktor für Marketing

*Edson Ferreira*
Direktor für Verwaltung und Finanzen

Institut für Ökotourismus in Brasilien – IEB
*João Meirelles Filho*
Präsident

Leiter des Projektes Zentren
*Guilherme Wendel de Magalhães*

# Präsentation

Dies sind die Bilder eines Brasiliens, welches sich in einem komplexen Reichtum biologischer Verschiedenartigkeit, in den reichen und delikaten Verflechtungen seiner Ökosysteme sowie in der beeindruckenden Schönheit seiner Landschaften wiederspiegelt.

Wir tragen eine große Verantwortung damit dieses privilegierte Gut unseres Planeten Erde zu schützen und zu erhalten.

Und das ist noch nicht alles. Ferner ist es notwendig Kultur und Traditionen des Volkes zu schätzen und dabei jene regionalen Unterschiede herauszuheben, welche zu unserer nationalen Identität führen; es ist notwendig neue Möglichkeiten zur Arbeits- und Einkommensbildung zu schaffen, welche die Basis für eine sich selbst unterhaltende Entwicklung garantieren; es ist notwendig innerhalb dieser Prozesse die Lebensverhältnisse der Frau zu wahren und zu werten sowie stets, und das von Mal zu Mal mehr, die Bildungsmodelle an alle Brasilianer auszuweiten und zu renovieren.

Für all das steht unsere Zuversicht an der Teilnahme des Projektes „Zentren zur Entwicklung des Ökotourismus" für die Schaffung eines sich seines Potenzial bewussteren, gerechteren und friedfertigeren Brasiliens in diesem XXI. Jahrhundert, welches wir vor uns haben.

Fernando Henrique Cardoso
*Präsident der Republik Brasilien*

# Einführung

Größte biologische Vielfalt des Planeten!

Lediglich dieses Vorrecht wäre schon ausreichend um uns mit Abstand an jene Stelle hervorzuheben, welche wir im weltweiten Szenarium einnehmen.

Wir hängen jedoch nicht nur von diesem einzigen Privileg ab.

Brasilien wird auf internationaler Ebene seines Überflusses und Verbindung an Faktoren anerkannt, die es als ein Land größten Potenziales für die Entwicklung des Ökotourismus herausheben.

Es gibt keine andere Nation, welche mit derselben Vielfalt und Größe das Vorkommen jener Rekurse vereint, welche die Produkte des Ökotourismus nähren.

Für jedes dieser seltenen Biotope und Ökosysteme, welche auf unserem weitem Territorium verteilt sind, stoßen wir auf Völker, welche in ihren Bräuchen und Traditionen einzigartig multiple Modelle harmonischen Zusammenlebens mit der Natur bewahren. Aus dieser Kombination zwischen natürlichen und kulturellen Rekursen bedeutenden Ausdruckes resultieren die grundlegenden Voraussetzungen für einen Ökotourismus.

Die Bundesregierung ist sich ihrer Verantwortung im Prozess dieser Rohstoffe zur Modellierung von qualifizierten ökotouristischen Produkten bewusst und unterstützte detaillierte Studien der brasilianischen Realität des Ökotourismus, welche in ihrem ganzen Umfang dem Programm Zentren zur Entwicklung des Ökotourismus in Brasilien beigelegt wurden.

Ergebnis der Konjugierung von Anstrengungen seitens der Regierung sowie der organisierten Gesellschaft, hat sich dieses Programm als Ziel gestellt Mittel aufzubringen, damit unser Land durch bewusste Aktionen an Planung und Investition in die Infrastruktur sowie touristischen Vorraussetzungen, Eignung und Förderung von der Kondition eines potenziellen Ziels zu jener wichtigen Stufe gelangt, welche ihm reserviert ist um sich in naher Zukunft als eines der weltweit wichtigsten Ziele des Ökotourismus zu entwickeln.

Carlos Melles
*Minister für Sport und Tourismus*

# ZENTREN DES ÖKOTOURISMUS
## *Brasilien*

*fotos von* ARAQUÉM ALCÂNTARA

*region* # NORDEN

*Acre* 14
*Amapá* 18
*Amazonas* 22
*Pará* 26
*Rondônia* 30
*Roraima* 34
*Tocantins* 38

*region* # NORDOSTEN

*Maranhão* 46
*Piauí* 52
*Ceará* 56
*Rio Grande do Norte* 62
*Paraíba* 68
*Pernambuco* 74
*Alagoas* 80
*Sergipe* 84
*Bahia* 90

*region* # ZENTRALWESTEN

*Goiás* 102
*Mato Grosso* 106
*Mato Grosso do Sul* 110

*region* # SÜDOSTEN

*Minas Gerais* 118
*Espírito Santo* 124
*Rio de Janeiro* 130
*São Paulo* 136

*region* # SÜDEN

*Paraná* 146
*Santa Catarina* 152
*Rio Grande do Sul* 158

*region* NORDEN

Die nördliche Region, welche sich aus den Bundesländern Amazonien, Rondônia, Tocantins, Amapá und Roraima zusammensetzt, entspricht in ihrer Gesamtheit fast der brasilianischen Fläche des Amazonasgebietes, eines der weiträumigsten noch erhaltenen natürlichen Gebiete der Welt.

Seit der Eingliederung des Bundeslandes Tocantins im Jahre 1988 stellt die Region mit ihren mehr als 3.800.000 km2 annähernd die Hälfte des Nationalterritoriums dar. Ihre Zusammenstellung stellt allgemein gesehen eine der größten neuzeitlichen sedimentären Ebenen dar, welche zwischen zwei kristallinen und sehr antiken Gebirgsregionen liegen: dem Maçico Guiano nördlich und dem Zentralen Brasilianischen Hochgebirge südlich.

Im Flachland wird das Szenarium von unzähligen Flüssen und ihren Nebenarmen, Seen sowie der üppigen und variationsreichen Vegetation der Wälder gekennzeichnet, welche sich in einem Klima mit hohen Temperaturen und starken Indizien zu Regenfällen entwickeln. Ihre Ausdehnung von mehr als 3 tausend Kilometern entlang der atlantischen Küste im Osten bis hin zu den Vorgebirgen der Anden und 2.500 km in nordsüdlicher Richtung verleiht ihr den Titel der größten Einheit tropischen Feuchtlandes des Planeten sowie des größten hydrographischen Beckens.

Den Ufern des Rio Amazonas und seinen Nebenflüssen entlang folgend, stößt man auf flachgelegene Landflächen aus der Neuzeit, welche von einer Vielzahl älterer Terrassen bzw. Plateaus umgeben sind, ehe sie die beiden grenzgebenden Gebirge erreichen, an denen sie auf beachtende Erhöhungen stoßen, welche gleichzeitig die größten im brasilianischen Relief darstellen. So etwa der Pico da Neblinha mit seinen 3.000 m und der Monte Roraima mit seinen 2.875 m in der Grenzregion zu Venezuela und Guayana.

Die Pflanzenwelt, welche anfangs als Urwald oder dichter Wald bezeichnet wurde, ist nicht homogen. Entlang der Flussverläufe besteht eine konstante Waldpräsenz an den Flussniederungen, welche in den Regenperioden regelmäßig von Überschwemmungen eingenommen werden. Je weiter man in Richtung Norden oder Süden vorstößt, wird diese Vegetation von weitläufigen Waldausdehnungen auf festem Boden, halbfeuchten Wäldern, Steppenland sowie natürlichen Brachland abgelöst. Entlang der atlantischen Küste führt das konstante Zusammentreffen von Süßwasser der Flüsse mit dem Meer zur Bildung von Watts und überschwemmten Flächen, in welchen riesige Schwärme an Wandervögeln Nahrung und sichere Unterkunft finden. Die zahlreiche und vielfältige Fauna, welche in der gesamten nördlichen Region zu finden ist, trifft in der phantastischen Konzentration und Verschiedenartigkeit der Flora auf unverzichtbare Konditionen zum Überleben.

All dieses Zusammenspiel an Leben stellt eine der größten und reichsten genetischen Bänke der Welt sowie ein natürlich einzigartiges Erbe dar, in welchem sich die verschiedensten Rekurse befinden. Deren Reichtum an Wasser und Mineralien, Holzreservate, Früchte, Samen, Fasern sowie weiteren Produkten des Waldes müssen zugunsten ihrer Bewohner genutzt werden, welche sich nach besseren Konditionen von Leben und Entwicklung sehnen. Die an natürlicher und wilder Schönheit überwältigende Landschaft; die kulturellen Manifestationen der Indianerstämme, der Einheimischen sowie der Ufersiedlern; der Reichtum der historischer Zeugen, der Legenden, der Musik sowie dem Kulinarischen findet man überall. Sie stellen exzellente Attraktionen für den Ökotourismus dar, welche von Tag zu Tag Besucher aus ganz Brasilien sowie den verschiedensten Ländern auf der Suche nach Kultur und erhaltener Natur anziehen.

letzte Seite: ökologische Station Anavilhanas am Rio Negro, Amazonien
andere Seite: Viktoriaregie, Rio Solimões, Amazonien

# ACRE

Das Bundesland Acre befindet sich mit seiner Fläche von 153.149,9 km2 südwestlich der Region Norden. Es wird nördlich von Amazonien, südlich von Rondônia, südöstlich von Bahia sowie südlich und westlich von Peru (ein Grenzverlauf von 1.565 km zu diesem Nachbarland!) umgeben.

Der überwiegende Teil dieses Territoriums ist durch Hochebenen gebildet. Seine Höhenlagen übersteigen die 500 m Grenze jedoch lediglich im Gebirge Contamana, in welchem sich der westlichste Punkt Brasiliens sowie einer der zuletzt errichteten Nationalparks befindet, der sogenannte Serra do Divisor. Die natürlich Vegetation setzt sich grundlegend aus lichten wie auch dichten, tropischen Wäldern zusammen, wobei sich beide durch sehr hohe Bäume kennzeichnen, welche eine Höhe von 25 bis 35 m aufweisen. Das Klima ist feuchtwarm mit einer hohen Niederschlagsmenge.

Obwohl seit den ersten Jahrzehnten des XIX. Jahrhunderts von Brasilianern bewohnt, gehörte die Region bis Beginn des XX. Jahrhunderts zu Bolivien. Die Brasilianer explorierten dort die Gummipflanzen und kümmerten sich dabei nicht um die bolivianischen Autoritäten. In der Praxis stellte es ein unabhängiges brasilianisches Territorium dar, welches dazu drängte an Brasilien angegliedert zu werden. Die Konflikte zwischen Brasilianern und Bolivianern waren konstant und endeten lediglich im Jahre 1903 mit der Unterzeichnung des Vertrages von Petrópolis, durch welchen Brasilien das endgültige Landrecht über die Region zugesprochen bekam. Dies im Austausch von Ländereien aus Mato Grosso, einer Ausgleichszahlung von 2 Millionen englischen Pfund an Bolivien sowie der Verpflichtung dazu, die Bahnstrecke Madeira-Mamoré zu errichten. Acre, welches anfangs als Territorium von Acre bezeichnet wurde, bekam im Jahre 1962 seinen Stand als Bundesstaat zugesprochen.

Der Zugang zu den Naturschutzgebieten ist noch immer nicht sehr einfach. Die Vielfalt seiner Pflanzen, unter denen sich unzählige Palmenspezies befinden, die Fauna und die Flüsse mit ihren Stromschnellen und Wasserfällen ziehen jedoch die echten Ökotouristen in dieses Bundesland, welche sich auf der Suche nach Sport und Abenteuer sowie der Naturbeobachtung befinden.

## AC 1 - Pólo Vale do Acre
**(Zentrum Vale do Acre)**

*Formende Gebiete*
Rio Branco, Xapuri, Plácido de Castro und Porto Acre.

*Physiognomie*
- Gebiet durch unzählige Flüsse durchschnitten, welche dessen wichtigste Verbindungsmöglichkeit darstellen.
- Sehr gut erhaltener tropischer Wald und Reservate. .
- Asphaltierte Straßen, welche verschiedene Gemeinden verbinden.

*Besonderheiten*
- Lokale zum Angeln und Rundfahrten auf dem Wasser.
- Reservat Chico Mendes.
- Historische Fundstellen.
- Gummipflanzungen und Kastanienwälder.
- Eine für Amazonien typisch üppige Vegetation.
- Kontakt zu bolivianischer Kultur (an der Grenzregion).

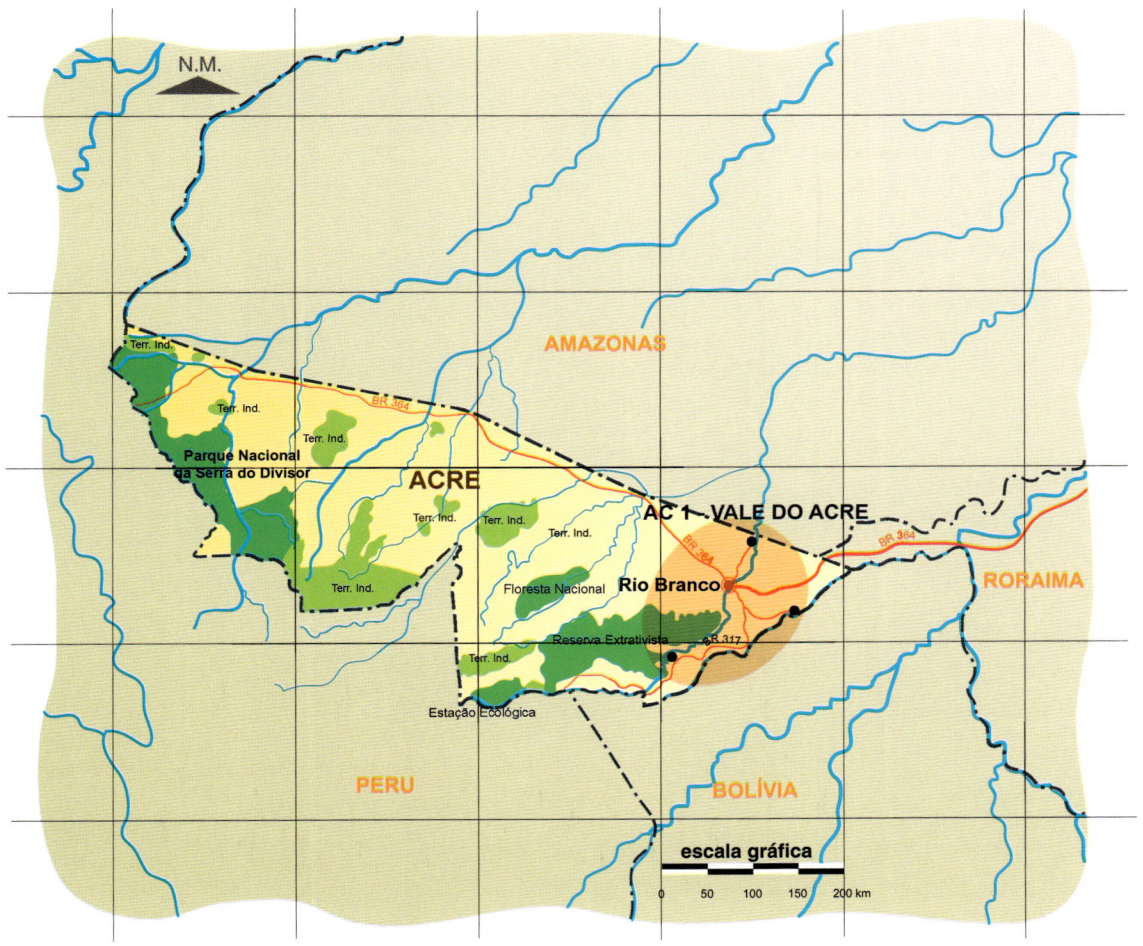

*Acre*

diese Seite: Rio Moa, Saimiri vanzolinii und Wasserfall Formosa, Nationalpark Serra do Divisor

andere Seite: gefleckter Jagdleopard und typisches Schiff auf dem Rio Juruá-Mirim.

ACRE

diese Seite: Gemeinde Taperebá und Einheimische am Rio Caciporé

andere Seite: Fischer am Rio Caciporé, Papageien und Wasserpflanze

# AMAPÁ

# AMAPÁ

Amapá befindet sich in der Region des Amazonasgebietes. Es verfügt über eine Fläche von 140.276 km2 sowie einer Bevölkerungsanzahl von etwa 600 tausend Einwohnern. Das Bundesland ist im extremen Norden Brasiliens lokalisiert und grenzt an französisch Guayana, Surinam sowie Pará. Seine atlantische Küste verfügt über eine Ausdehnung von 650 km und wird in das atlantische bzw. ozeanische Küstengebiet oder in die Küstengebiete der Amazonas- bzw. der Ästuarregion eingeteilt.

Die Vegetationsarten sind völlig verschiedenartig: der Wald auf festem Erdboden bedeckt mehr als 70% der Gesamtfläche des Bundeslandes (es handelt sich hierbei um ein an biologischer Vielfalt extrem reiches Ökosystem, welches für verschiedene Industriezweige wie etwa für die Herstellung von Möbeln, Ölen, Harzen, Lebensmitteln und der Pharmazie bedeutend ist); der Wald auf Wiesengrund nimmt eine bedeutend kleinere Fläche in Anspruch und ist durch eine große Vielfalt an Palmenarten bedeckt (etwa 20% des Territoriums ist von Wiesenflächen und Buschsteppe bewachsen).

Amapá war einst Teil des Bundeslandes Pará, von welchem es im Jahre 1943 abgetrennt wurde und von da an als Territorium Amapá bezeichnet wurde. Um 1988 wurde es in den Stand eines Bundeslandes gehoben.

Sein allgemeines Profil ähnelt jenem anderer Bundesländer der Amazonasregion. Wegen der fehlenden Verbindung zum Festland blieb es stets sehr isoliert, was auf der anderen Seite zur Erhaltung seines natürlichen Erbes beitrug. Bis heute wurden in diesem Bundesland lediglich 1% des Waldbestandes gerodet.

Die Programme zur Kolonisation und Integration der Landflächen blieben hinsichtlich wirtschaftlicher und sozialer Entwicklung erfolglos. Die Exploration der natürlichen Rekurse, unter welchen sich Mineralstoffe, Holz und Öl befinden, wurde durch große Unternehmen vorgenommen, mit geringem Nutzen für die Gemeinde. Um die Brennpunkte der Entwicklung herum bildete sich eine große Bevölkerungskonzentration, was die Auswanderung in städtische Regionen zur Folge hatte.

Die landwirtschaftliche Produktion von Amapá basiert sich vor allem in Kulturen des Eigenbedarfs; wenige Produkte wie etwa Kokosöl und weißer Pfeffer werden ausgeführt. Die Viehzucht geschieht auf natürlich belassenen Feldern, besonders jenen der Seenregion. Die Fischzucht, eine der wichtigsten Aktivitäten, findet man vor allem im Küstenbereich des Amazonasgebietes, welche sehr reich an Nährstoffen ist und wo man die Mischung von Süß- und Salzwasser erleben kann. Der pflanzliche Gewinnung hat als wichtigste Produkte die Acái - Palme, die Paranuss, die Palmenherzen und die Hölzer.

Die Industrie in diesem Bundesland steht noch am Anfang und besitzt in den Mineralien ihr größtes Betätigungsfeld.

Die Erhaltung des natürlichen Erbes gestaltet Amapá zu einem privilegierten Ort für die Entwicklung von Ökotourismus. Unter den größten natürlichen Besonderheiten befinden sich: die Strände, die Pororoca (einer Art Seebeben), das Seengebiet, die Region Serra do Navio sowie eine große Vielfalt an Fauna (dabei werden besonders die Wandervögel hervorgehoben). Als kulturelle Besonderheiten können zitiert werden: die Festung von São José (die größte, welche von den Portugiesen im Jahre 1761 errichtet wurde), die Nulllinie des Äquators in Macapá, das afrikanische Dorf Caraú sowie die Volksfeste und religiösen Feierlichkeiten.

## AP 1 - Pólo Amapá
**(Zentrum Amapá)**

*formende Gebiete*
Porto Grande, Itaubal, Serra do Navio, Pracuúba, Pedra Branca do Amapari, Tartarugalzinho, Cutias, Macapá, Ferreira Gomes und Santana.

*Physiognomie*
· Gebiet, welches im überwiegenden Teil mit verschiedenen Waldformierungen bedecktes Flachland ist. Küstenstreifen charakteristisch als eine Region mit Flussmündungen sowie großer tierischer und pflanzlicher Vielfalt.

*Besonderheiten*
· Lokale zum Angeln und anderen Aktivitäten des Wassersports.
· Große Vielfalt an Fauna, vor allem an Wandervögeln.
· Verschiedenartige Ausdrucksweisen indianischer Kulturen.

# AMAZONAS

Mit 1,6 Million km2 belegt das Bundesland Amazonien 18% des nationalen Territoriums. Die außergewöhnliche Präsenz des großen Flusses und seiner zahlreichen Nebenflüsse, Flussarme, Öffnungen, Paranás, Seen und Wasserfälle inmitten des weltweit größten Waldgebietes verleihen diesem Bundesland eine große Vielfalt landschaftlichen Reichtums. Die Vegetation, weit entfernt davon homogen zu sein, nimmt verschiedenartige Gestalten an: Wald auf festem Boden, auf Wiesenflächen, Igapó - Wälder, Campinarana, Buschsteppenfelder bis hin zu höhergelegenen Regionen. Inmitten pflanzlicher Spezies hält sich eine reiche Vielfalt an Fauna auf, welche der großen Üppigkeit der Pflanzenwelt wegen nicht einfach zu beobachten ist. Das vorherrschende Element in Amazonien ist jedoch das Wasser: Ausdehnung, Breite und Volumen der Flüsse und regelmäßige, starke Regenfälle kennzeichnen die Physiognomie im überwiegenden Teil des Bundeslandes. Lange Zeit als einzigste Zufahrtsmöglichkeiten geltend, stellen die Flüsse das große, verbindende Element dar, welches an seinen Ufern die Bildung von Städten, Siedlungen, kleinen Ufergemeinden, Festungen und verschiedenen Industriezweigen zur Folge hatte. Die überwiegend flachen Landgebiete des Amazonasbeckens gehen, weiter südlich oder nördlich des Bundeslandes hin in höhere Regionen über. An der Grenze zu Venezuela befindet sich der Pico da Neblinha mit seinen 3.014 m, welcher als Gipfel Brasiliens gilt.

Amazonien grenzt nördlich an Roraima und Venezuela, nordwestlich an Kolumbien, westlich an Peru, südöstlich an Acre, südlich an Mato Grosso und Rondônia und östlich an Pará. Es stellt das größte Bundesland Brasiliens dar.

Um 1539 schickte Pizarro, Eroberer von Peru, seinen Bruder Gonçalo sowie den Abenteurer Francisco de Orellana auf eine Expedition, in welcher sie die Anden überwinden sollten. Weiter nach Osten hin folgend, sollten selbige auf die legendären Gebiete von Eldorado stoßen, welche von einem außergewöhnlich reichen Prinzen regiert wurden. Sie gingen ihre Reise vom Rio Napo an, erreichten den Rio Marañon und bemerkten, dass dieser von Mal zu Mal ruhiger und breiter wurde. Nach drei Jahren erreichten sie schließlich den Atlantischen Ozean. Sie hatten inmitten eines unendlichen Waldgebietes voller unbekannter Tiere und indianischer Stämme, in welchen sie die Amazonen, jenen Kriegerinnen aus der griechischen Mythologie, geglaubt gesehen zu haben und dessen Name zur Taufe dieses immensen Flusses diente, eine Strecke von mehr als 3.000 km hinterlegt. Fast ein Jahrzehnt später legten die Portugiesen dieselbe Strecke in entgegengesetzter Richtung zurück, indem sie von Belém starteten und bis nach Quito zogen. Damit öffneten Sie den Weg für zahlreiche Eroberer, welche bis Ende des XVI. Jahrhunderts in Ufernähe des Amazonas lediglich Handelsniederlassungen und kleine Forts errichtet hatten. Die Präsenz der zahlreichen Indianerstämme erschwerte den Abbau von Holz und anderen pflanzlichen Rohstoffen, abgesehen von der Gewinnung von Fellen und lebenden Tieren, welche auf dem europäischen Markt alle als sehr wertvoll galten. Die Portugiesen wussten sich keinen Rat um diese Region zu kolonisieren und zu bevölkern oder etwa eine Kollaboration mit den Einheimischen für selbige Aufgaben zu erreichen. Der Anpassungsprozess erwies sich als extrem schwierig und wurde anhand von katholischen Missionärsgruppen, Protestanten und Söldnern verrichtet.

Um 1808, mit der Ankunft von D. João V., begann Amazonien politisch, wirtschaftlich und geographisch gesehen sich zu einem Teil Brasiliens herauszubilden. Jedoch erst um 1870, während der Kautschukperiode, erfuhr das Land seine große Entwicklung. Diese wurde von einer Periode an Dekadenz gefolgt, als die Arbeit der Latexgewinnung durch den Abbau der Paranuss und weiterer zahlreicher Produkte des Waldes abgelöst wurde. Mehrere Megaprojekte der Kolonisation und Besiedlungsmöglichkeiten wurden für diese Region durchdacht. Sie basierten sich jedoch auf der Einführung unangebrachter landwirtschaftlicher Techniken, extensiver Viehzucht, Installierung von Industriezweigen, vor allem der Holzindustrie und begleitet vom Bau von Wasserkraftwerken und der Eröffnung von das Amazonasgebiet durchschneidenden Verkehrsverbindungen. Viele von Ihnen blieben erfolglos oder erreichten keine zufriedenstellenden Ergebnisse. Die Abrodung und schlechte Nutzung der natürlichen Rekurse führte zu weltweiter Besorgung. Mittlerweile wird Amazonien für den weltweiten Haushalt eines großen Trinkwasseranteils sowie den notwendigen Gasaustausch zur Erhaltung des Lebens als verantwortlich betrachtet. Aus diesem Grunde sollte die Sorge um die Umwelt in dieser Region an erster Stelle stehen.

Die Vielfalt an Tieren, Pflanzen und Landschaften in Amazonien haben Unternehmer dazu bewegt verschiedene Hotels und Unterkunftsmöglichkeiten in der Wildnis zu errichten, welche darauf ausgerichtet sind Besucher zu empfangen, welche die verschiedensten Arten von Tourismus in der Natur ausüben wollen: Angeln, Beobachtung der Tier- und Pflanzenwelt, Bootsrundfahrten, Bädern an Wasserfällen, Überlebenstraining in der Wildnis sowie Besuchen in für die Region typische Gemeinden. Die typischen Gericht, das Kunsthandwerk sowie weitere kulturelle Ausdrucksweisen, vor allem der indianischen Stämme, ergänzen die Besonderheiten, welche diese Region zu einer der privilegiertesten für den Ökotourismus gestalten.

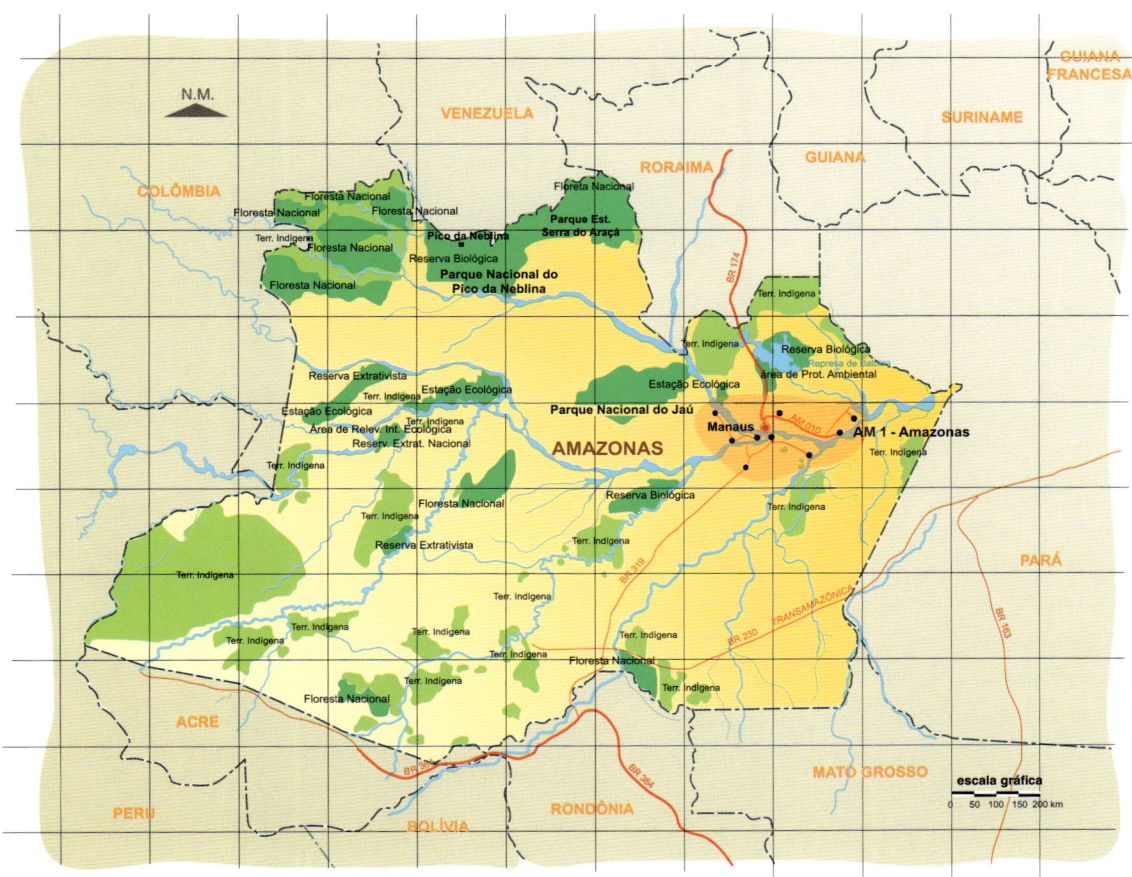

## AM 1 - Pólo Amazonas

**(Zentrum Amazonien)**

### formende Gebiete

Barcelos, Presidente Figueiredo, Rio Preto da Eva, Novo Airão, Manaus, Manacapuru, Iranduba, Careiro, Careiro da Várzea, Autazes, Itacoatiara und Silves.

### Physiognomie

- Fläche, welche tiefgelegene Gebiete des Flachlandes wie auch höhergelegene Landregionen nördlich von Barcelos umfasst.
- Waldgebiete mit einbegriffen, vor allem jene auf festem Boden, Wiesenflächen und Igapó - Wälder.
- Enorme Mengen an Flüssen, Wasserfällen und Flussinseln.
- In Barcelos befindet sich die Inselgruppe Mariuá.

### Besonderheiten

- Eine große Fläche des größten Waldgebietes besteht weiterhin und wird bewahrt – Nationalpark Jaú.
- Flüsse mit Wasserfällen und Stromschnellen sowie Kavernen in Presidente Figueiredo.
- Aufenthaltsangebote in Buschhotels, vor allem Nahe bei Manaus.
- Reservat zum Erhalt des Lago do Piranha.
- Lokale zum Sportangeln und Flussrundfahrten.

diese Seite: Pico da Neblinha und Gemeinde São Gabriel da Cachoeira

andere Seite: Orchideen, Rio Carabinane im Nationalpark Jaú und Hafen von Manaus.

# AMAZONAS

# PARÁ

andere Seite: Rio Tapajós, überschwemmtes Waldgebiet im Nationalpark von Amazonien und Sclater's Hokko.

diese Seite: Brillenkauz

# PARÁ

Die Fläche von Pará, zweitgrößtes Bundesland des Amazonasgebietes, beläuft sich auf 1.248.042 km2. Es wird nördlich von Guayana und Surinam, nordöstlich von Amapá, östlich vom Atlantischen Ozean und Maranhão, südöstlich von Tocantins, südlich von Mato Grosso und westlich von Amazonien umgeben. Die tiefgelegenen Gebiete des Flachlandes nehmen das zentrale Gebiet des Bundeslandes ein und erstrecken sich in Richtung Ozean. Süden und Norden sind von Gebirgen gekennzeichnet, welche in den südlichen Gebieten zahlreicher und weiter nördlich höhergelegen sind. Unzählige Flüsse mit einem hohen Potenzial zum Angeln und Energetik durchfliesen das Bundesland, wobei sich 3 unter ihnen besonders hervorheben: der Tapajós, Xingu und Tocantins. Mehr als 80% der Pflanzenwelt wird durch Wälder auf festem Boden präsentiert. Der Rest durch großflächige Buschsteppengebiete, Felder, Watts und Igapó - Wäldern. In der Region um die Flussmündungen stößt man auf eine große Inselvielfalt, unter welchen sich die Insel Marajó als größte Flussinsel der Welt heraushebt. In der gesamten Region bildet die andauernde Mischung vom Süßwasser der Flüsse mit dem Salzwasser des Meeres Lebensvoraussetzungen für eine reiche und vielfältige Fauna, welche Watts, Sandbänke und überschwemmte Flächen bewohnt.

Noch vor der Entdeckung Brasiliens gelangte der spanische Seefahrer Vicente Pinzón bis zur Flussmündung des Amazonas, welche von ihm als Santa Maria de la Mar Dulce benannt wurde. An der Flussmündung angelangt, fuhr er 20 km flussaufwärts, kehrte zum Meer zurück und bewegte sich an der Nordküste bis zur Flussmündung des Oiapoque. Während des XVI. Jahrhunderts befuhren französische, britische und holländische Schiffe frei die Flussmündung und bauten in dieser Region Handel sowie kleine Forts auf, wobei sie sich im konstanten Geschäft mit den Indios befanden. Die Portugiesen dachten lediglich daran, wie sie das Vorrecht dieser Ländereien erlangen konnten und als sie sich in dieser Region niederließen, begann auch der Zuckerrohranbau. Es wurde eine Expedition organisiert, welche von São Luiz do Maranhão anlief. Kurz nach Weihnachten am rechten Ufer des Rio Pará angelangt, wurde an dieser Stelle ein Ort für den Bau einer Festung ausgesucht, welche von ihnen als Weihnachtskrippe bezeichnet wurde. Um sie herum wuchs sich die Siedlung Santa Maria de Belém heran, von welcher aus im Jahre 1637 eine große Expedition startete. Sie stellte das erste effektive Eindringen der Kolonisten in das Amazonasgebiet dar.

Der durch das Zuckerrohr erhoffte Erfolg bestätigte sich nicht. Die bestellten Länder waren der Präsenz der Bäume aus den Wäldern wegen fruchtbar, welche einmal abgerodet eine Probe der sandigen Zusammensetzung des Bodens hinterließen. Der ungeeignete Boden verbunden mit dem feuchten Klima dienten lediglich zum Überleben der dort einheimischen Pflanzenwelt, was die Kolonisten dazu bewegte ihren Gewinn im Abbau zu suchen, da er ihnen durch das Zuckerrohr nicht bereitstellt wurde. Die neue Aktivität erforderte jedoch Kenntnisse und Unterstützung der einheimischen Bevölkerung. Über einen langen Zeitraum hinweg fanden aber konstante Kämpfe auf der Suche nach Sklavenarbeitskräften statt, was die Ausrottung vieler Gruppen zur Gefahr hatte. Die Indios sahen in den Missionären und später in den Siedlern einige Wege für ein Zusammenleben mit den Kolonisten. Im XVIII. Jahrhundert war die Wirtschaft dieser Region fast ausschließlich auf den Abbau ausgerichtet, wobei sie von einem kleinen Teil an Land- und Viehwirtschaft begleitet wurde, welche mit der Einführung der Büffel begann, die sich sehr gut an die Insel Marajó anpassten.

Der Kautschuk führte Mitte des XIX. Jahrhunderts im Leben von Pará zu einer sprichwörtlichen Revolution und wurde von einer Periode der Stagnation gefolgt. Inzwischen ist dem Bundesland sein enormes Potenzial bewusst, welches von den Mineralreserven an Bauxit, Kupfer, Eisen, Mangan, Gold, nichtmetallischen Mineralien sowie biologischen Rekursen dargestellt wird, und es baut diese in einem ausgewogenem Maße ab, wodurch der Unterhalt seiner Bewohner garantiert wird. An seinen 16 Schutzgebieten bieten Programme über Forschung, Bildung und Tourismus neue Entwicklungsperspektiven.

Die Waldreservate, kulturellen Ausdrucksweisen der indianischen Bevölkerung, Vielfältigkeit und Anzahl der Urwaldgebiete, historischen Bauten, Angelplätze, Bootsrundfahrten oder Bäder an Wasserfällen stellen in dieser großflächigen Landschaft von Pará konstante Besonderheiten dar.

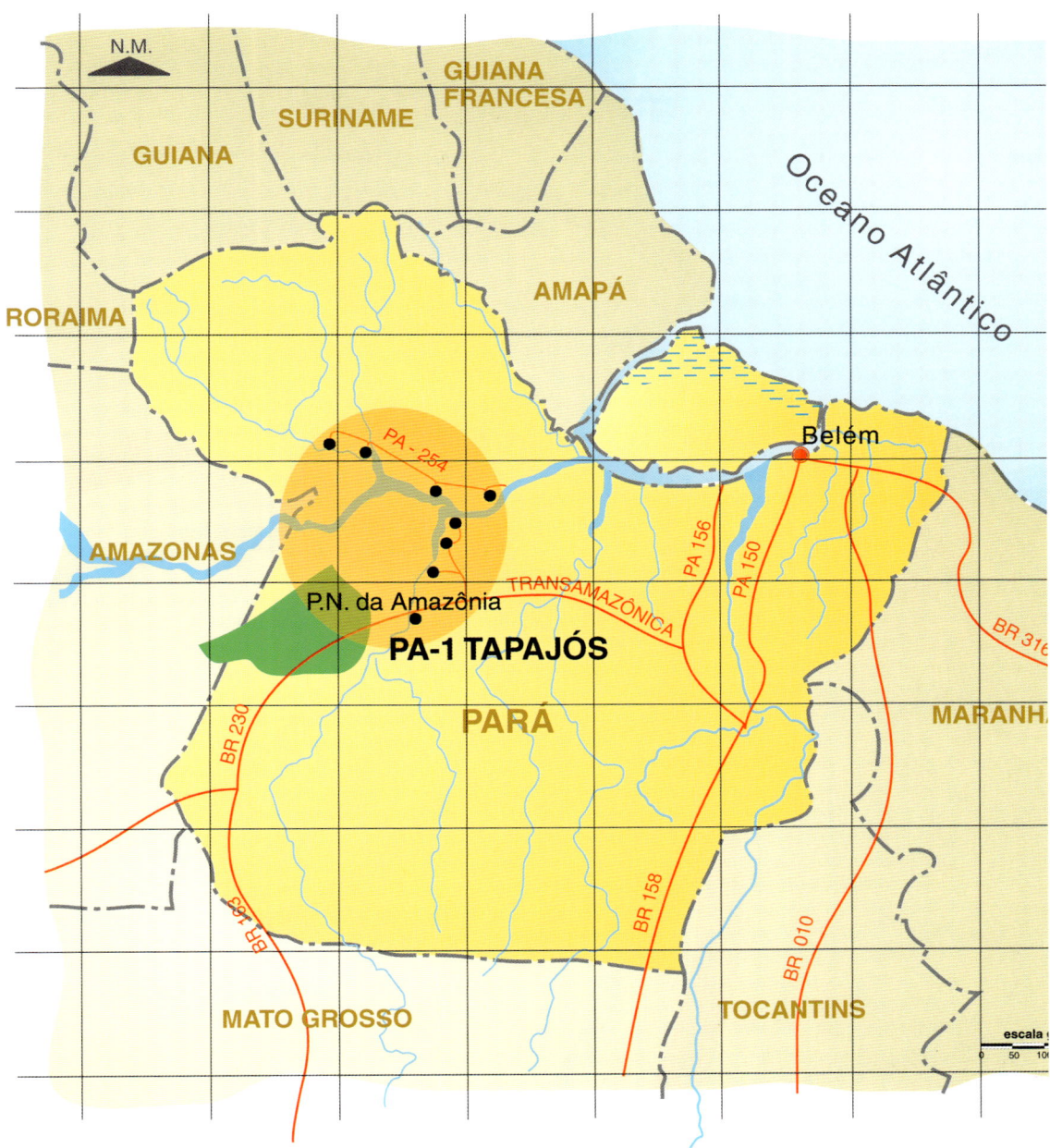

## PA 1 - Pólo Tapajós

**(Zentrum Tapajós)**

*formende Gebiete*

Santarém, Alter do Chão, Belterra, Aveiro, Itaituba, Oriximiná, Óbidos, Alenquer und Monte Alegre.

*Physiognomie*

- Flachlandregion, sehr reich verschiedenartigen Flüssen, Wasserfällen und ausgedehnten Flussstränden.

- Spuren der Kolonisation des Amazonasgebietes in den Bauten der Uferstädte und typischen Gemeinden.

*Besonderheiten*

- Erhaltener Tropenwald.
- Verschiedene unter Umweltschutz stehende Flächen.
- Ruhige Flussverläufe, ideal zum Sportangeln und Bootsrundfahrten.
- Wasserfälle und Flussstrände.
- Außergewöhnliche szenische Schönheit.
- Zusammenfluss der Gewässer an verschiedenen Flussarten.

# RONDÔNIA

Dieses Bundesland, welches sich in der östlichen Region des Amazonasgebietes befindet, belegt eine Fläche von 238.512,8 km2. Es grenzt nördlich und nordöstlich an Amazonien, südlich und südöstlich an Mato Grosso, südöstlich und westlich an Bolivien und nordwestlich an Acre und Amazonien. Sein Relief ist nur wenig hügelig, mit Ausnahme der Gebirge von Pacáas Novos und Parecis, in denen die Gipfel eine Höhe von 800 m erreichen. Große und zahlreiche Flüsse durchlaufen dieses Bundesland, unter ihnen auch der Madeira. Mit einem Flussverlauf von 1.700 km gilt er als längster Fluss des Amazonasgebietes. Zwischen Porto Velho, der Hauptstadt, und Guajará-Mirim befinden sich 18 Wasserfälle, welche im XVIII. Jahrhundert den Bau der Bahnstrecke Madeira-Mamoré für den Transport von Produkten wie Kautschuk, Kastanien, Fellen, usw. sowie von Passagieren als nötig erwiesen.

Die Vegetation kennzeichnet sich durch Spezies in der Übergangsregion zwischen Buschsteppe und tropischem Wald, Wäldern mit Wiesenflächen, sowie brachliegenden und überschwemmten Feldern.

Das Klima in Rondônia ist tropisch-feucht, mit vorherrschender Hitze und regelmäßigen Niederschlägen.

Die Besiedlung der Region begann im XVII. Jahrhundert, als Spanier, Portugiesen, Franzosen und Holländer die Flüsse durchstreiften auf der Suche nach Gold und Indianern zur Versklavung. Im Jahre 1776 erlangten die Portugiesen mit dem Bau der Festung Príncipe da Beira das Landrecht des Vale do Guaporé. Im XIX. Jahrhundert zog die Eroberung des Kautschuk mehr als 8 tausend Arbeiter in die Gummipflanzungen des Amazonegebietes. Nach dem Niedergang des Kautschuks beauftragte die Regierung, besorgt um die Isolierung der im Norden von Cuiabá lebenden Bevölkerung sowie die große territoriale Deaktivierung, General Rondon dazu eine telegraphische Verbindung zwischen Cuiabá und Porto Velho herzustellen. An den telegraphischen Knotenpunkten bildeten sich Siedlungen und ein Teil dieser Region setzte dem heutigen Bundesland Rondônia seinen Ursprung. Mit dem zweiten Weltkrieg begann ein weiterer Kautschukzyklus verbunden mit einer neuen Einwanderungswelle. Um 1958 wurde in der Region der Gummipflanzungen auf Zinnerz gestoßen und es begann eine Welle der Gewinnung, welche von einer landwirtschaftlichen Welle gefolgt wurde, die Tausende von Leuten zur Besiedlung der Bundesstraße BR – 365 bewog. Innerhalb von 30 Jahren veränderte sich die Bevölkerungsanzahl von anfangs etwas weniger als 37.000 Bewohnern (1950) auf annähernd 500.000 (1980). Derzeit verfügt das Bundesland über eine Menge von fast 1,5 Millionen Einwohnern.

Der Entwicklung des Ökotourismus wird von der dortigen Bevölkerung mittlerweile mit großer Erwartung entgegengesehen. Das Bundesland rechnet mit vielen Besonderheiten wie etwa stark fischreichen Flüssen an weißen Sandstränden, Wasserfällen sowie einer üppigen Vegetation an ihren Ufern, Volksfesten, religiösen Feierlichkeiten, typischen Gerichten, indianischer Kultur sowie historischen Monumenten, zu welchen sich auch die Bahnverbindung sowie die Festung Príncipe da Beira gehören.

## RO 1 - Pólo Vale do Guaporé
(Zentrum Vale do Guaporé)

*formende Gebiete*
Porto Velho, Guajará-Mirim und Costa Marques.

*Physiognomie*
- Übergangsgebiet zwischen den Ökosystemen Amazonasregion und Buschsteppe mit Pantanalgebieten, Gebirgen und Flachländern.
- Wunderschöne Landschaften mit natürlich belassenen Wäldern und Feldern, welche von Flüssen mit Stromschnellen durchkreuzt werden.
- Spuren von Besiedlung wie etwa der Festung Principe da Beira und der Bahnstrecke Madeira-Marmoré.

*Besonderheiten*
- Bezaubernde Vegetation mit reicher, biologischer Vielfalt.
- Abwechslungsreiche Landschaften.
- Flüsse mit schönen Stränden, Wasserfällen sowie Plätzen zum Sportangeln.
- Historisch – kulturelle Besonderheiten: Bauten, Bergbaugebiete sowie archäologische Fundstellen.
- Nationalpark Pacaás Novos und verschiedene andere natürlich bewahrte Gebiete.
- Kulturelle Ausdrucksweisen der indianischen Bevölkerung.

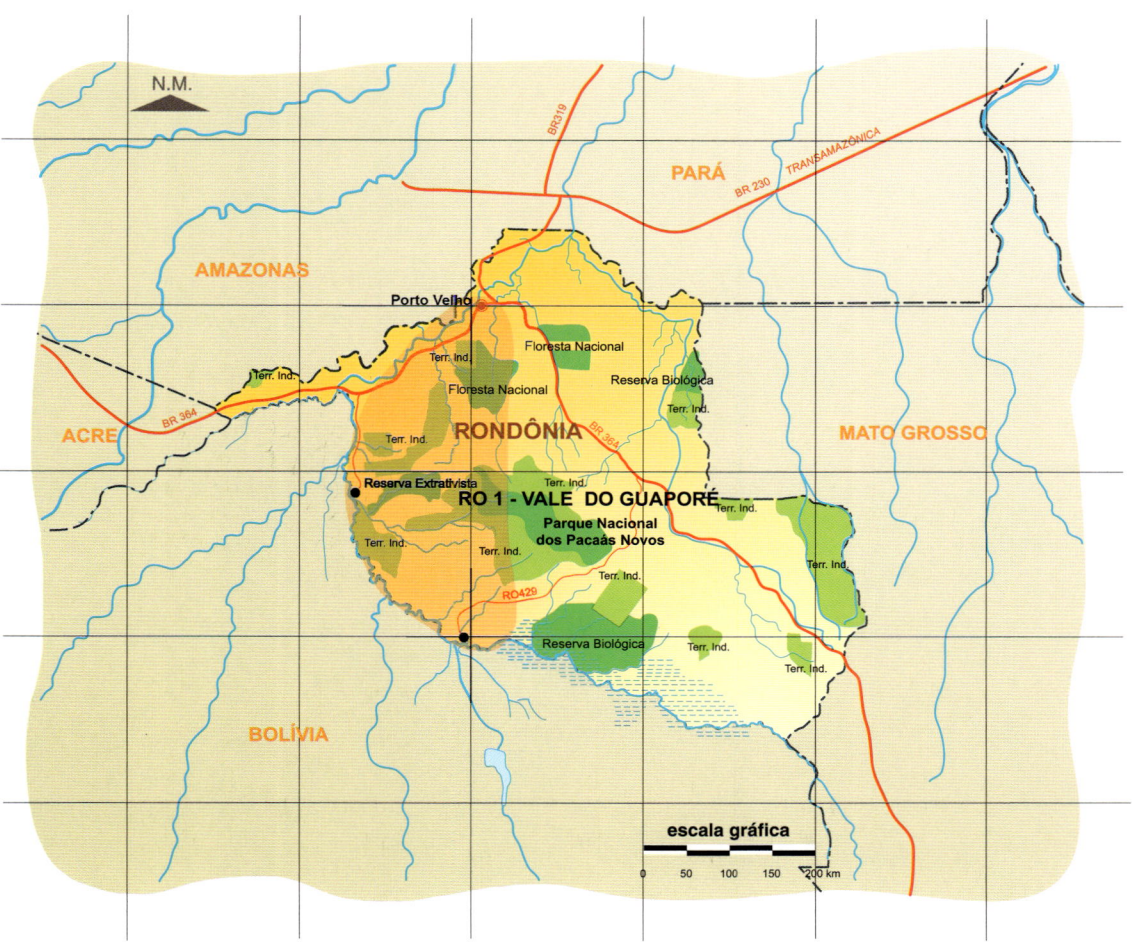

# RONDÔNIA

andere Seite: Choloepidae und Rio Pacaás Novos.

diese Seite: nicht identifizierte Blume der Region sowie Wasserfall des Rio Pacaás Novos.

# RORAIMA

andere Seite: auf der Höhe des Berges Roraima, Indianerin des Stammes Ingaricó und Ausblick vom Berg Roraima.

diese Seite: Aloe Vera, Nationalpark Monte Roraima.

# RORAIMA

Die Fläche, welche heute als Bundesland Roraima bekannt ist, war einstmals Teil von Amazonien, von welchem es abgetrennt wurde. Anfangs wurde es als sogenanntes Territorium von Rio Branco bezeichnet, später als Territorium von Roraima und inzwischen ist dieses Gebiet zum Bundesland ernannt worden. Es belegt 230.104 km2 der nördlichsten Ländgebiete Brasiliens und grenzt nördlich und nordwestlich an Venezuela, östlich an Guayana und südlich an Amazonien. Das nördlich Gebiet ist durch hohe Landflächen der Hochebene Guianas gekennzeichnet, welche über Höhenlagen oberhalb der 1.200 m Grenze verfügt. In der Gebirgsregion Pacaraima stößt man auf den Berg Monte Roraima, welcher 2.875 m hoch ist, über lange zeitlang als höchster Gipfel Brasiliens galt und den nördlichsten Punkt unseres Territoriums verkörpert. Von der Hochebene ergießen sich zahlreiche Flüsse sowie viele Nebenarme des Rio Branco, welcher das Bundesland durchschneidet um sich schließlich in den Rio Negro zu ergießen. Die hochgelegenen Gebiete sind von Buschsteppenfeldern bedeckt, welche reich an Gräsern und Palmenarten sind. Mit Höhenabnahme erweisen sie sich zunehmend von höherer Waldvegetation bedeckt, wobei die Wälder auf festem Boden mit einigen Wiesenflächen sowie Igapó - Wälder vorherrschen. Das Klima ist feuchtheiß und in der Dauer von 4 Monaten pro Jahr herrschen starke Niederschläge vor.

Die Präsenz der Portugiesen in der Bucht von Rio Branco begann in der zweiten Hälfte des XVII. Jahrhunderts, als diese versuchten das Amazonasgebiet urbar zu machen und mit den Franzosen und Spaniern über deren Anteile an Amerika verhandelten. Während der ersten Jahrzehnte von 1700 errichteten sie die Festung São Joaquim und bekräftigten das Abkommen von Utrecht, Dank welchen die Franzosen aus dem Amazonasbecken abzogen. Jedoch ihres schwierigen Zugangs wegen, blieb die Region bis zur Hälfte des XX. Jahrhunderts weiterhin praktisch unbevölkert, wobei ihr überwiegender Teil von indianischen Völkern bewohnt war, welche zum größten Teil von den Missionaren angesiedelt wurden. Deren geringe landwirtschaftliche Produktion und Mineralabbau wurde mehr nach Guayana und Venezuela als nach Manaus selbst vermarktet.

Mit Eröffnung der BR – 174, welche Manaus mit Caracaraí verbindet und von da weiter nach Venezuela verläuft, sowie der in Richtung Guayana verlaufenden BR - 401, konnte der Export natürlicher Rekurse aus der Landwirtschaft sowie den Mineralien aus dieser Region intensiviert werden. Das Bundesland ist reich an Fundstellen von Felskristallen, Edelsteinen, Bauxit, Kupfer und Zinnerz sowie mehreren pflanzlichen Rekursen. Die Rinderzucht ist sehr gut entwickelt. All dieses Potenzial, welches durch die Existenz der unter Umweltschutz stehenden Gebiete und Nationalparks aufgewertet ist, sieht jetzt im Ökotourismus eine große Perspektive zur Entwicklung.

### RR 1 - Pólo Turístico Norte de Roraima
**(Touristisches Zentrum im Norden von Roraima)**

*formende Gebiete*
Boa Vista, Normandia, Uiramutã, Pacaraima und Amajari.

*Physiognomie*
- Relief, welches durch große, von den Hochebenen des Maçico Guiano kulminierte Berge gekennzeichnet ist. Dabei hebt sich besonders der Monte Roraima hervor, welcher den höchsten Punkt der Region darstellt.
- Abwechslungsreiche Vegetation, die Spezies höherer Regionen mit einbezieht.
- Ruhige Flussverläufe, Wasserfälle sowie zahlreiche Indianerreservate.

*Besonderheiten*
- Abwechslungsreiche Landschaft; Berge und Höhen des Gebirges Pacaraima.
- Lebende Kultur verschiedener Volksstämme; archäologische Fundstellen.
- Geeignete Pfade für Wanderungen, Fahrradtouren, Reitsport und Kletterungen.
- Ideale Plätze für Kanusport und Rafting.
- Nationalpark Monte Roraima.

# RR 1 - TURÍSTICO NORTE DE RORAIMA

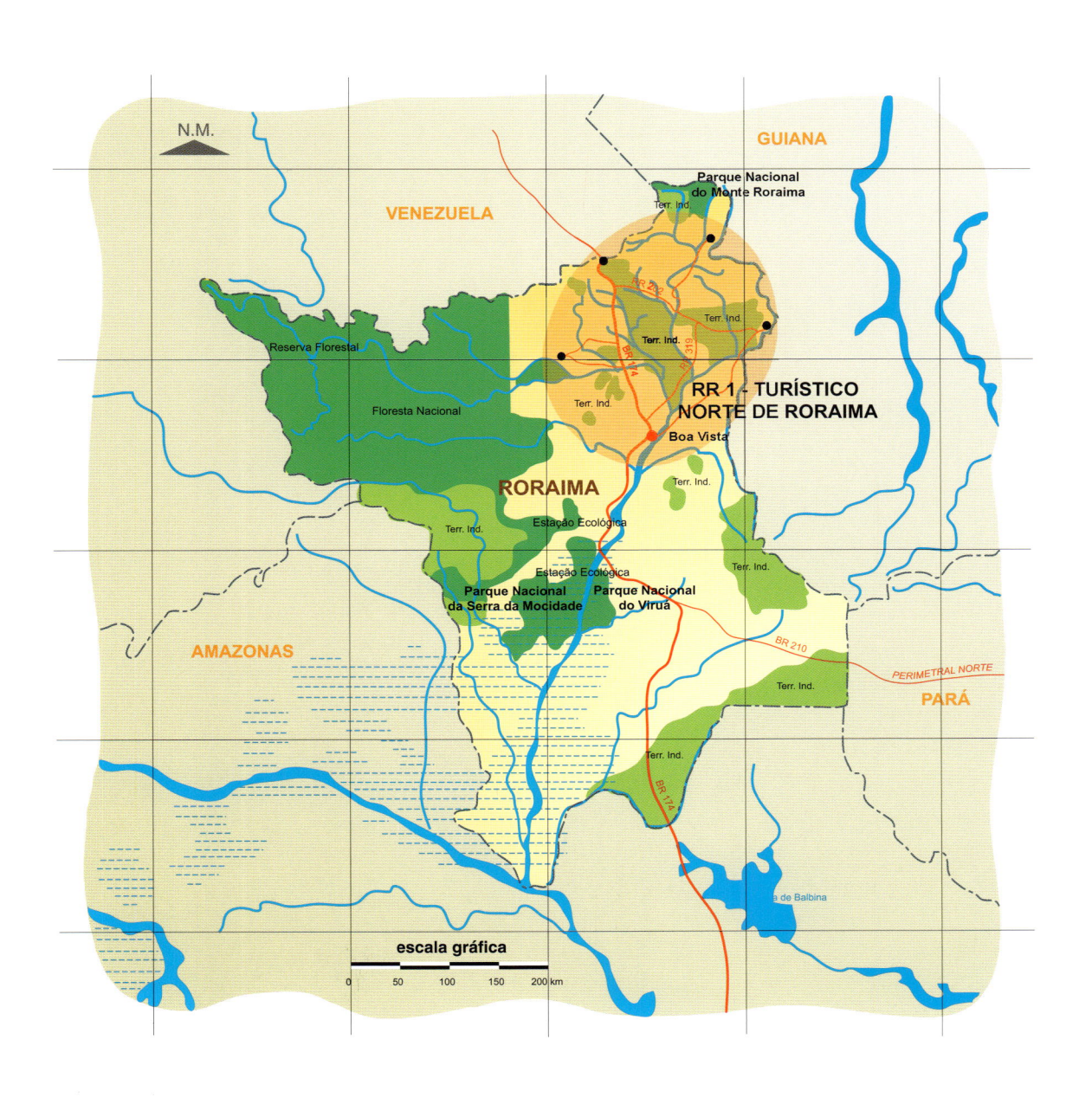

# TOCANTINS

Tocantins ist Teil des Amazonasgebietes und belegt eine Fläche von 278.420,7 km2. Das Land ist nördlich von Pará und Maranhão, östlich von Piauí und Bahia, südlich von Goiás und westlich von Mato Grosso umgeben. Sein Relief kennzeichnet sich durch einen zentralen Gebirgsstreifen geringer Höhe aus, welcher östlich die Hochebene des Sedimentärbeckens São Francisco und westlich das Flachlandgebiet Bananal trennt. Zahlreiche Flüsse durchfliesen das Bundesland. Unter ihnen hebt sich der Araguaia und der Tocantins heraus. Die Pflanzenwelt, welche durch die Praktiken der Land- und Viehwirtschaft sehr beeinflusst wurde, wird von der Buschsteppe mit einigen noch bestehenden Wäldern, zahlreichen Palmen und großflächigen Gebieten an Wiesenflächen gekennzeichnet. Dies vor allem auf der Insel Bananal, der größten Flussinsel der Welt. In den höhergelegenen Gebieten herrscht eine konstante Präsenz von Felswänden aus Sandstein, kristallinen Flüssen und Wasserfällen vor.

Tocantins stellt das jüngste Bundesland dar. Es wurde im Jahre 1988 durch den Bundesdeputierten Siqueira Campos durch nachträglichen Zuspruch, welcher der Versammlung des Grundrechts vorgelegt wurde, gegründet. Das Land war vorher Teil von Minas Gerais. Aufgrund der hohen Steuern, welche verlangt wurden, gab es jedoch bereits in der Zeit von D. João V. eine Separatistenbewegung, da dies zum Ausbleiben lokaler Investitionen sowie politischer, wirtschaftlicher und sozialer Isolierung der Region führte und lediglich eine Entwicklung von Goiás im südlicheren Teil vorgesehen war. Mit der Bildung des Bundeslandes Tocantins sowie der Konstruktion von Palmas, einem zur Landeshauptstadt vorgesehenen Ort, multiplizierten sich die Straßen, welche die dortigen Gemeinden verbinden und so den Zugang zu anderen Regionen des Landes ermöglichten. Es setzte eine intensive Einwanderungswelle sowie die Errichtung von Fabriken, Montagewerken, Veredlungslagern für Hülsenfrüchte, Gütern der Land- und Viehwirtschaft sowie Bauunternehmen ein, welche dem Bundesland zu einer atemberaubenden Entwicklung verhalfen.

Die zahlreichen Flüsse aus Tocantins bieten dem Besucher Strände, Orte für Bootsrundfahrten, Angelmöglichkeiten, Bädern an Wasserfällen sowie die Beobachtung von Fauna und Flora. Im Nationalpark Araguaia, Übergangsgebiet zwischen Buschsteppe und Amazonaswald, gelangt man zu einer großen Vielfalt der Tier- und Pflanzenwelt. Die Felsbildungen, durch das Einwirken von Wind und Wasser geformt, spiegeln sich in fremdartigen Formierungen wieder. Sie bilden Canons sowie zum Klettern geeignete Felswände, an denen man primitive Malereien sowie weitere Zeugen der Präsenz indianischer Kulturen findet.

## TO 1 - Pólo Ecoturístico do Cantão
**(Zentrum für Ökotourismus von Cantão)**

*formende Gebiete*
Caseara und Pium.

*Physiognomie*
- Das diese Landschaft kennzeichnende Element ist der gewaltige Rio Araguaia. Er befindet sich in einer Übergangsregion zwischen den Ökosystemen Buschsteppe, feuchttropischem Amazonaswald sowie überschwemmten Flächen. Kanäle, kleine Inseln und tiefliegende Flachlandgebiete, welche durch Seen gekennzeichnet sind, werden von einer abwechslungsreichen Vegetation umgeben.

*Besonderheiten*
- Auf ideale Plätze zum Sportangeln stößt man an den Flüssen Araguaia, Coco und Javaé wie auch an den verschiedenen Seen der Umgebung.
- Strände mit weißem, feinem Sand, geeignet zur Beobachtung zahlreicher Tierspezies.

# TO 1 - ECOTURÍSTICO DO CANTÃO

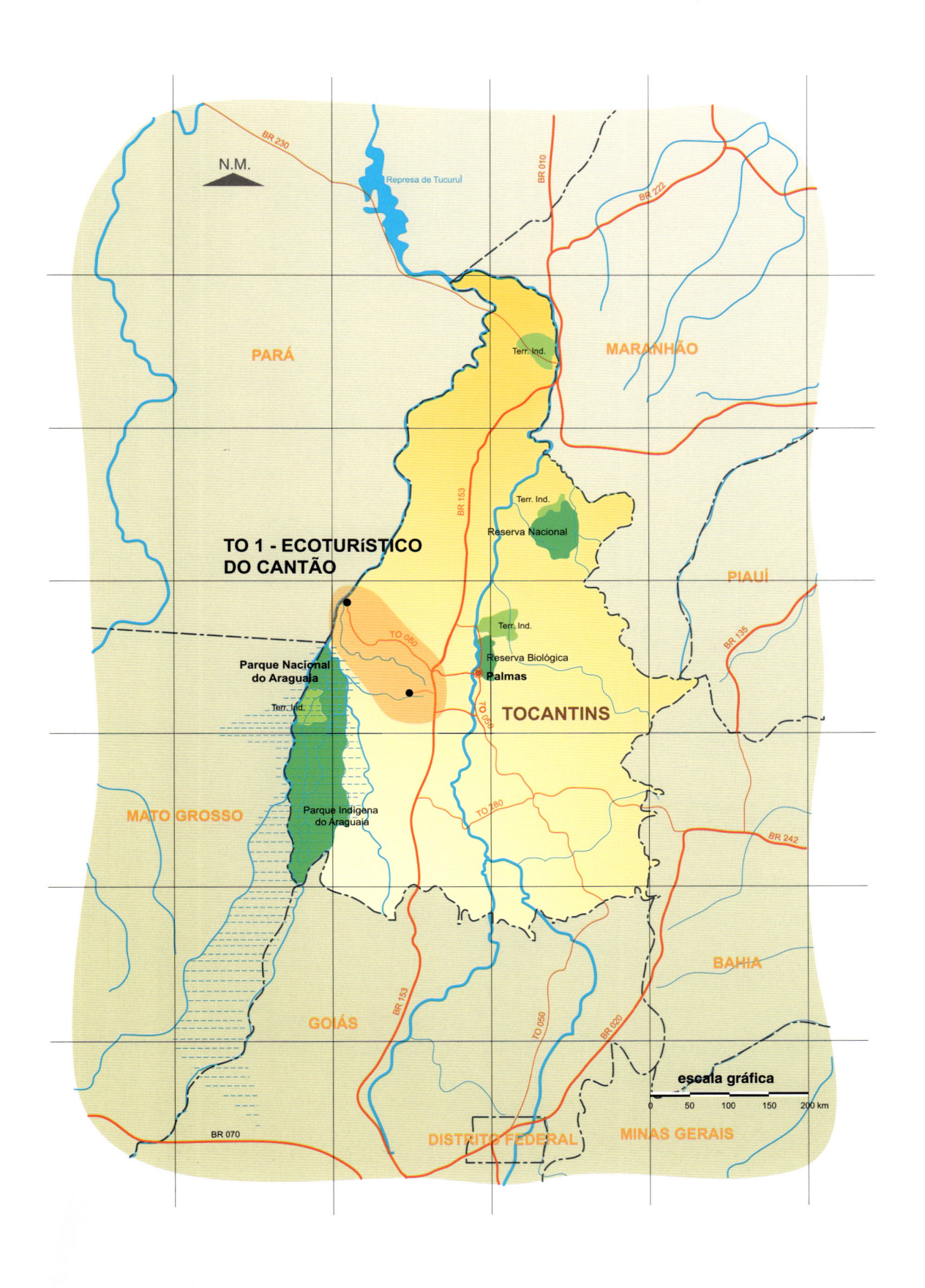

diese Seite: Landschaft und Rafting in Jalapão.

andere Seite: Rio Araguaia und Indianermädchen des Tributs Carajá auf der Insel Bananal.

**TOCANTINS**

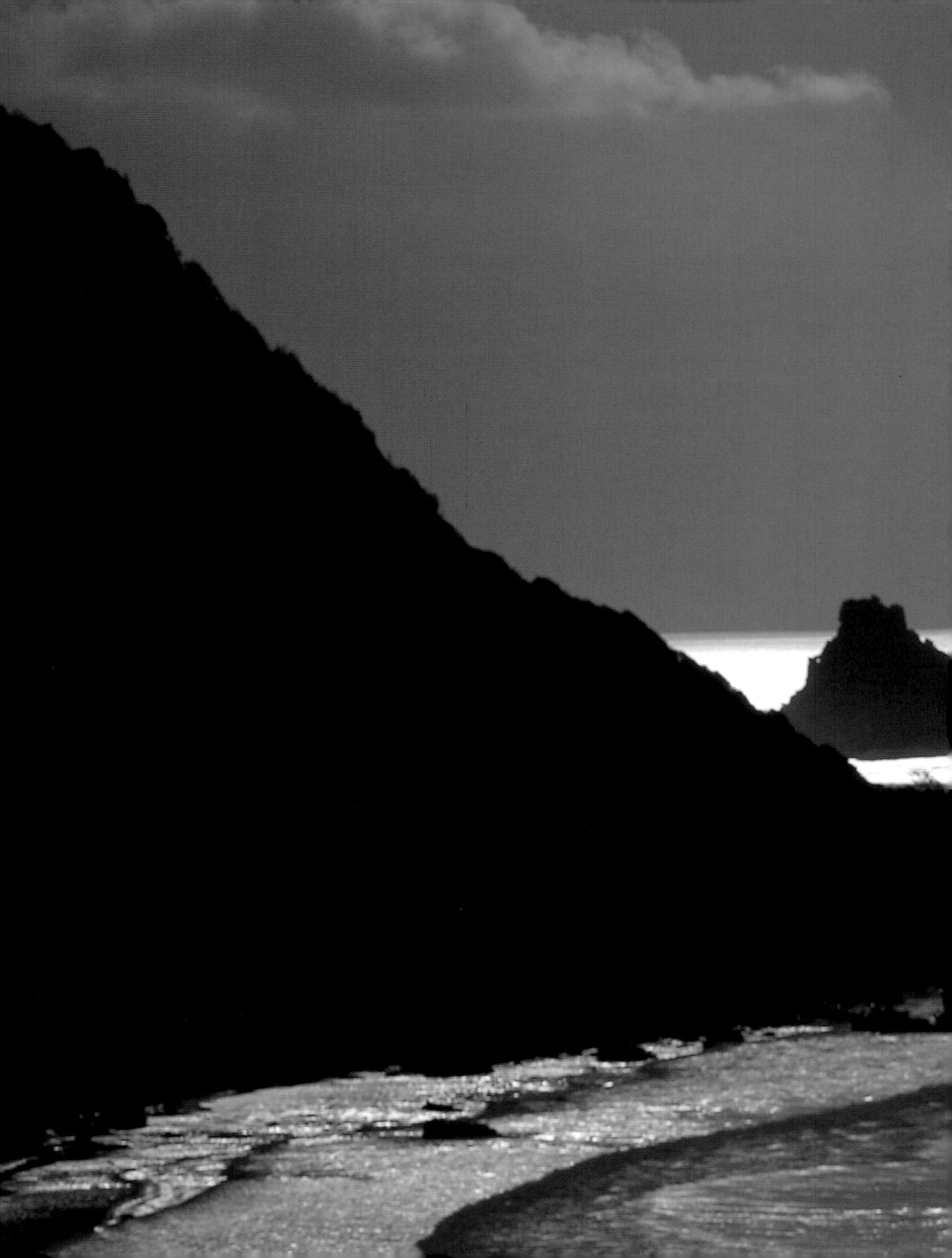

*region* NORDOSTEN

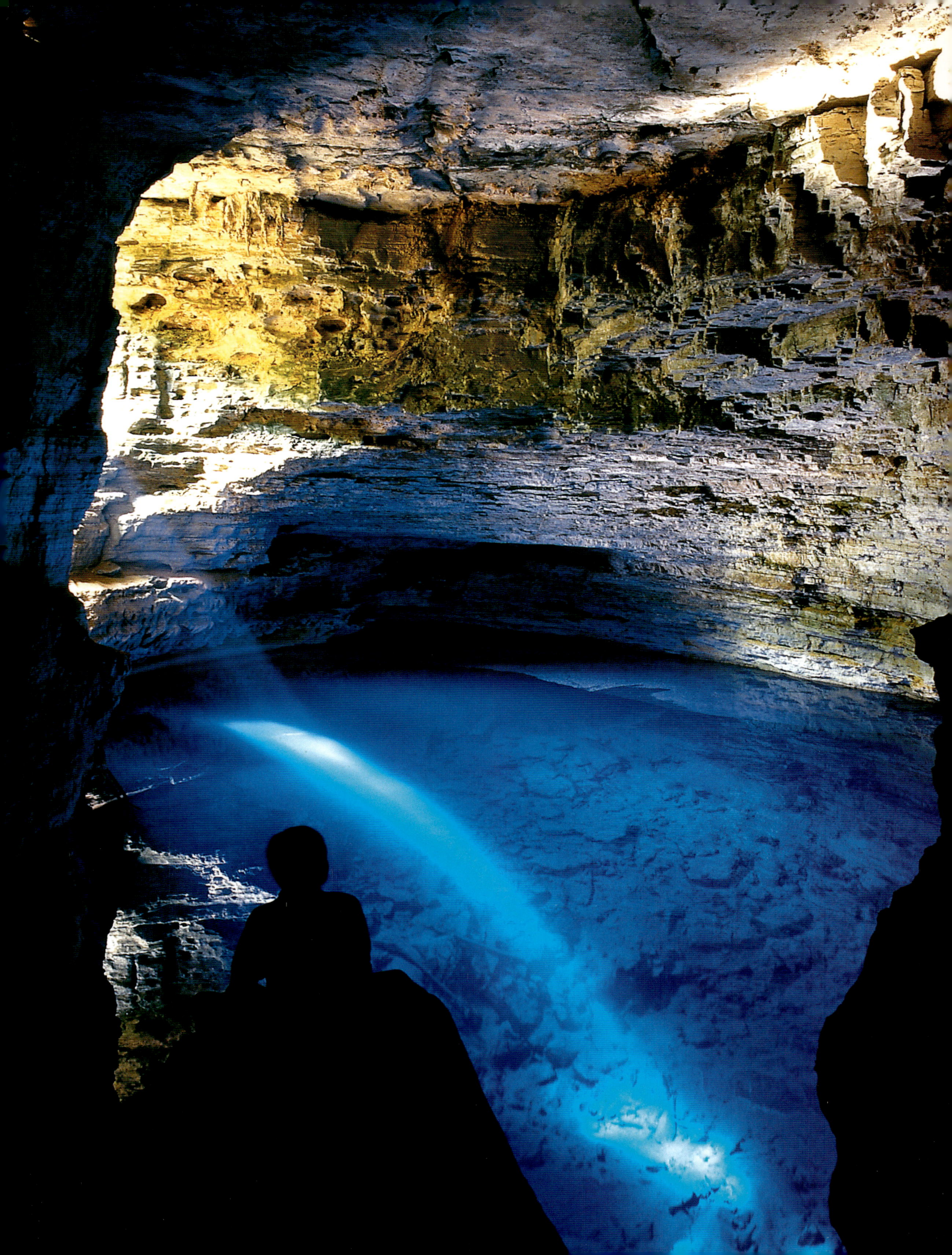

Die Region des Nordostens umfasst die Bundesländer Maranhão, Piauí, Ceará, Rio Grande do Norte, Paraíba, Pernambuco, Alagoas, Sergipe und Bahia. Ihr überwiegender Teil befindet sich im Domínio da Caatinga, einer Art halbtrockenen Gebietes, in welcher die Regenfälle selten und unregelmäßig und die Vegetationsformen dem geringen Wasserhaushalt angepasst sind. Das Caatinga erstreckt sich ab dem Küstengebiet von Ceará und südöstlich von Piauí angefangen bis nördlich von Minas Gerais ins Landesinnere hinein, wobei es westlich vom Amazonasgebiet, südlich von der brasilianischen Buschsteppe und östlich vom Regenwald begrenzt wird.

Seine Pflanzenwelt, welche als xeromorphologisch eingestuft wird, zeichnet sich durch Spezies aus, die sich den Bedingungen des halbtrockenen Klimas angepasst haben. Es traten Mutationen auf, welche ein sparsameres Umgehen von Wasser, jenem knappen Rekurs, zulassen, das infolge unvorhersehbarer Regenfälle und der in der Region vorherrschenden intensiven Hitze als sehr wertvoll gilt: Blätter wandeln sich in Stacheln um, sind von kleinerer Oberfläche oder fallen während der Trockenzeit einfach ab. Einige Spezies haben sich daran gewöhnt Wasser in ihren Geweben aufzuspeichern. Von den Indios als Weißer Wald bezeichnet (caa = Pflanze; tinga = weiß), setzt sich das Caatinga aus einer Kombination von vielen mit kurzen und festen Ästen verzweigten Sträuchern, zahlreichen Kakteenspezies, Neoregelyen sowie größeren Bäumen wie etwa dem Umbuh und dem Joazeiro zusammen.

In der halbtrockenen Landschaft, die auch als Sertaneja oder Flachland Sertaneja bezeichnet wird, stößt man auf Gebirgsregionen und Hochebenen, die reich an Flussquellen und üppiger Pflanzenwelt sind. In diesen erhöhten Gebieten garantiert die Präsenz zahlreicher Flüsse, die sich tiefe Schluchten (Boqueiros) in die Felsen gruben, sowie die andauernden Quellen, welche von den Wassern der Regenfälle in den unterirdischen Grundwasseransammlungen ernährt werden, einen Feuchtigkeitsgehalt, der diesem Ort den Aspekt einer echten Oase inmitten der Trockenheit dieser Umgebung verleiht.

Im Verlauf des gesamten Küstengebietes vom Nordosten besteht eine konstante Präsenz an verschiedenartiger Stränden mit weiträumigen Bepflanzungen von Kokospalmen, welche von kleinen Erhöhungen, Steilküsten, Riffen, Dünen sowie Sandbänken umgeben sind. Die vom Meere kommenden Winde, die zahlreichen Flüsse und Lagunen konditionieren die markanten Unterschiede zwischen dem Küstenklima, welches stets feuchter und frischer als jenes im Landesinneren vorliegende ist. Der Regenwald, welcher sich einstmals bis nach Rio Grande do Norte erstreckte, wurde praktisch ausgelöscht und heute sind davon nur noch geringe erhaltene Gebiete übriggeblieben.

In den weiter südlich gelegenen Flächen wird die Pflanzenwelt des Caatinga nach und nach vom Domínio do Cerrado eingenommen, während weiter westlich ein starker Einfluss aus dem Amazonasgebiet spürbar wird, was zu verschiedenen Übergangszonen mit einer Vielfalt an Landschaft, Tieren und Pflanzen führt.

Die derzeitig anwesende Fauna ist relativ arm. Das vor allem wegen den natürlichen Schwierigkeiten beim Überleben in einem fast durchweg ungeeigneten Umfeld sowie der großen Gefährdung durch die Jagd, welche diese durchlebt hat. Einstmals wurde die Region von zahlreichen bereits ausgestorbenen Spezies bevölkert, wie etwa den großen Säugern der Pleistozäne (Riesenfaultier, Riesengürteltier, Mastodont, Säbelzahnkatze), welche heute nur noch in den zahlreichen archäologischen Lagerstätten zu finden sind. Dinosauriers hinterließen ihre Fährten im Landesinneren von Paraíba gelegenen Sousa. Vor allem in Piauí können an den Ausgrabungen und primitiven Malereien jener Orte, welche sich in wichtige Forschungsstellen und touristische Zentren umwandeln, auf Spuren menschlicher Vorgeschichte aus Amerika gestoßen werden.

Es war auch im Nordosten, wo die portugiesischen Entdecker im Jahre 1500 ankamen und dort die anfänglichen Knotenpunkte der brasilianischen Nation setzten. Kirchen, Festungen, Herrenhäuser inmitten von Festen, Kunsthandwerk sowie den typischen Gerichten berichten über erlebte Geschichte dieser von Indios, Farbigen und Europäern so variiert und faszinierend gestalteten Region.

letzte Seite: Berg Dois Irmãos, Nationalmeerespark Fernando de Noronha, Pernambuco
andere Seite: Poço Encantado, Nationalpark Chapada Diamantina, Bahia

*region* NORDOSTEN

# MARANHÃO

Das Bundesland Maranhão wird gemeinsam mit Piauí als „halber Norden" oder auch „zweiter Nordosten" bezeichnet. Es ist eine Region zwischen den Tiefländern von Amazonien, der Dürreregion und Buschsteppe. Sein Relief setzt sich aus stark von Flüssen und sedimentärem Flachland durchschnittenen Hochebenen zusammen. Das Küstengebiet ist durch seine Inseln, Seen und Sandbänken stark unterteilt, aufgespalten und ausgedehnt.

Das Bundesland ist reich an historischen Stätten mit Spuren ausländischer Invasionen. Um 1612 wurde diese Region von den Franzosen besetzt, welche sich dort niederließen. Dabei wurde die Stadt São Luís gegründet. Die französische Herrschaft währte jedoch nur kurze Zeit. Um 1615 wurden die Eindringlinge von den Portugiesen vertrieben und die Statthalterschaften in Maranhão und Groß-Pará wurden zu einen einzigen Block zusammengefasst. Später wurde die Insel São Luís von den Holländern besetzt, von welcher sie im Jahre 1644 vertrieben wurden.

Die Besiedlung von Maranhão fand anfangs auf dem Streifen statt, welcher die Bucht von São Marcos umläuft und die Städte São Luís und Alcântara umgibt. Es wurden Landgüter für die Rinderzucht und den Zuckerrohanbau errichtet. Der Fang der Einheimischen stellte jedoch die wirtschaftlich gewinnbringendste Aktivität dar und das trotz der bestehenden Feindlichkeit, welche konstante Kämpfe zur Folge hatte. Das Problem der fehlenden Arbeitskräfte wurde durch gewaltige Sklaveneinfuhren gelöst, welche die Ausführung der landwirtschaftlichen Aktivitäten gewährleisteten.

Dieses Profil wurde über mehrere Jahrhunderte lang so erhalten. Heute ist es Industrie, vor allem die Aluminium- und Holzverarbeitung, welche die Aktivitäten darstellt, die am meisten bei der Einkommensbildung des Landes beitragen.

Der kulturelle Tourismus gewann an mit dem Entscheid der UNESCO vom Dezember 1977 an Bedeutung. Dabei wurde São Luís seines Erbes von mehr als 3.500 Gebäuden aus der Kolonialzeit wegen zum historischen Erbe der Menschheit ernannt. In Alcântara, welche einst zu einer der schönsten und wichtigsten brasilianischen Städte gehörte und bei den Exportgeschäften von Baumwolle und Zucker mit São Luis rivalisierte, wurden die Ruinen durch das IPHAN (Institut für historisches und künstlerisches Nationalerbe) unter Schutz gestellt.

Die Umwandlung der gesamten Küste des Bundeslandes zu einem Naturschutzgebiet mit bundes- und landesweitem Charakter verstärkte die Grundlagen für den Ökotourismus in Maranhão umso mehr. Flächen wie etwa die Dünen, welche sich im Nationalpark Lençóis Maranhenses erstrecken sowie die wichtige Zone zur Erhaltung des Deltas Parnaíba, zwischen Maranhão und Piauí, mit ihren Watts, Dünen und abgelegenen Stränden, sind von außerordentlicher Bedeutung. Der Ökotourismus erhält derzeit Priorität von der Regierung um so die Bewahrung des natürlichen und kulturellen Erbes auf selbsttragende Weise zu ermöglichen. Im Bereich des internationalen Tourismus sucht man derzeit nach der Schaffung einer geeigneten Infrastruktur zur Verbreitung dieser Attraktionen, welche in keinem anderen Land der Welt vorzufinden sind.

## MA 1- Pólo das Reentrâncias Maranhenses
**(Zentrum Reentrâncias Maranhenses)**

*formende Gebiete*
APA – Naturschutzgebiet Reentrâncias Maranhenses mit den Gemeinden: Bacuri, Cururupu, Mirinzal, Cedral, Guimarães und Pinheiro.

*Physiognomie*
- Zwei seltene Landschaftsbereiche sind in diesem Bereich zu sehen: 1 – eine abgetrennte Küste mit Buchten, Flussmündungen sowie mit dichten und kleineren Wäldern und Watts bedeckten Inseln; 2 – einem zentral gelegenerem Ort, an welchem ebene und überschwemmte Gebiete, Ziliarwälder, Watts und mit mehreren Seen gekennzeichnete Landflächen überwiegen.
- Im Zentrum stößt man auf ein Bergbaureservat der afrikanischen Siedlung Frechal, in welcher 180 farbige Familien leben. Diese Siedlung verkörpert eine der ersten verbliebenen Sklavensiedlungen unseres Landes dar, welche als solche anerkannt wurde und über eine markante Präsenz an Besonderheiten wie Festen religiöser und volkstümlicher Art sowie reiches und vielfältiges Kunsthandwerk verfügt.

*Besonderheiten*
- Strände mit weißem Sand und sauberem Wasser.
- Kanäle ideal für die Schifffahrt bzw. zum Fischen geeignet.
- Sandbänke und Ruheplätze für Wandervögel.
- Kulturell ungewöhnliche Ausdrucksweisen.
- Bewahrte Orte: APA Reentrâncias Maranhenses und APA Baixada Maranhense; Reservat Quilombo do Frechal; Landesmeerespark Parcel de Manuel Luiz mit felsigen Untermeeresformierungen, welche etwa 87 km von der Küste entfernt sind.

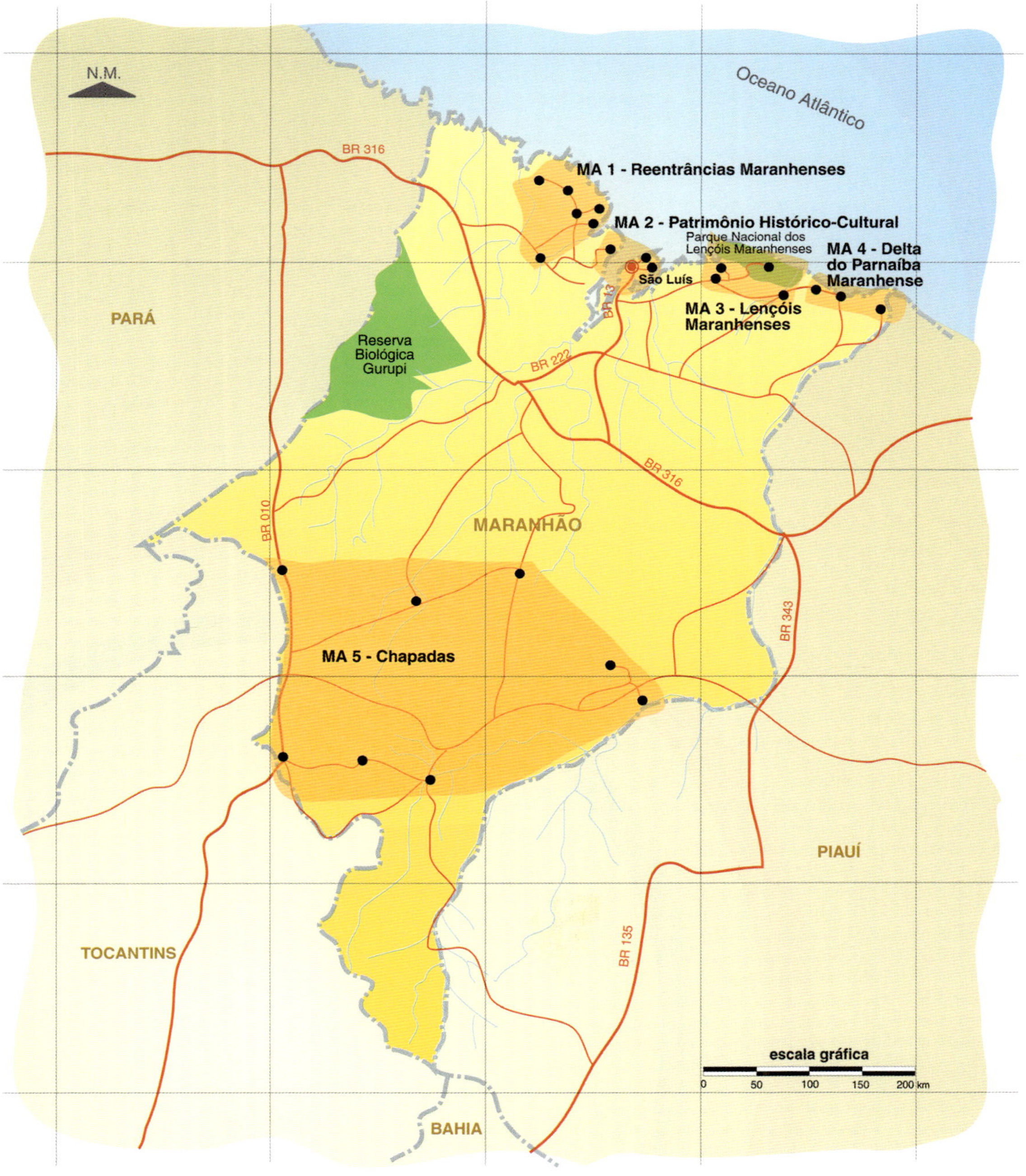

N.M.
Oceano Atlântico
BR 316
MA 1 - Reentrâncias Maranhenses
MA 2 - Patrimônio Histórico-Cultural
Parque Nacional dos Lençóis Maranhenses
MA 4 - Delta do Parnaíba Maranhense
São Luís
BR 135
MA 3 - Lençóis Maranhenses
PARÁ
Reserva Biológica Gurupi
BR 222
BR 316
BR 010
MARANHÃO
BR 343
MA 5 - Chapadas
PIAUÍ
TOCANTINS
BR 135
escala gráfica
0 50 100 150 200 km
BAHIA


Maranhão

## MA 2 - Pólo do Patrimônio Histórico-Cultural
**(Zentrum historisch kulturelles Erbe)**

*formende Gebiete*

São Luís, Alcântara, São José do Ribamar und Paço do Lumiar

*Physiognomie*
- Die Region zeichnet sich durch die Flussmündung des Mearim, den Buchten Baía de São Marcos und São José sowie der Präsenz verschiedener Inseln, ausgedehnten Stränden und mehreren Angelplätzen aus.
- Die hauptsächlichste Charakteristik stellt jedoch das große koloniale architektonische Zusammenspiel portugiesischer Herkunft dar, welches eines der landesweit größten ausdrückt. Kachelfassaden an Herrenhäusern, Kirchen, Klöstern, Museen und Monumenten erklären, dass São Luís von der UNESCO zum Erbe der Menschheit und Alcântara vom IPHAN zum historischen Erbe erklärt wurden. Die weltlichen und religiösen Feste, die regionalen Gerichte sowie das extrem vielfältige Kunsthandwerk sind typisch für das gesamte Zentrum.

*Besonderheiten*
- Strände und Dünen.
- Inseln und mehrere Flüsse.
- Orte zur Beobachtung von Vögeln und Fossilien.
- An mehreren Orten bereits restauriertes historisches Erbe.
- Wallfahrt in São José do Ribamar.
- Musikspektakel, gute gastronomische Verpflegung und Unterkunftsmöglichkeiten.

## MA 3 - Pólo dos Lençóis Maranhenses
**(Zentrum Lençóis Maranhenses)**

*formende Gebiete*

Primeira Cruz, Santo Amaro do Maranhão, Humberto de Campos und Barreirinhas. Dabei ist der Nationalpark Lençóis Maranhenses mit einbezogen.

*Physiognomie*
- Die Region kennzeichnet sich durch Dünen, Watts und Sandbänke. Das Küstengebiet ist abgegrenzt, das Meer ruhig und die Strände schlammig. Die große Präsenz an Wasserverläufen, deren Ufer von Wattvegetation bedeckt sind, kennzeichnen die Wattenmeere. Die als Lençóis Maranhenses bekannten sandförmigen Gebilde stellen in Wirklichkeit Dünen von bis zu 30 m Höhe dar, welche durch die Kraft des Windes dauerhafte Veränderungen annehmen. Salziges Klima, welches durch eine trockene und eine regnerische Jahreszeit gekennzeichnet ist. Es stellt die an Kunsthandwerk bedeutendste Region des Bundeslandes dar, wobei es durch die Verarbeitung der Karmabaupalme bekannt wurde, welche inklusive auch exportiert wird.

*Besonderheiten*
- Ungewöhnliche Landschaft, die durch langgezogene Dünen, von Wattvegetation umgebenen Wasserverläufen sowie in der Regenzeit präsenten Süßwasserseen umgeben ist.
- Zusammenspiel typischer Palmenarten, welche inmitten der Sandregion echte Oasen bilden.
- Abwechslungsreiche Fauna, vor allem Vögel.
- Lokale zum Sportangeln.
- Nationalpark Lençóis Maranhenses.
- APA Foz do Rio Preguiças.

## MA 4 - Pólo Delta do Parnaíba Maranhense
**(Zentrum Delta do Parnaíba Maranhense)**

*formende Gebiete*

Paulino Neves, Tutóia und Araioses. Die Region beherbergt das Delta des Flusses Parnaíba an der Grenze zwischen Maranhão und Piauí.

*Physiognomie*

- Unter den verschiedenen Deltaverzweigungen befinden sich fast 70 Inseln unterschiedlicher Größe. Einige darunter bewahrt und andere mit veränderter Vegetation. Die Pflanzenspezies sind charakteristisch für die Sandbänke und Watts. Ins Meer mündend, teilt sich der Rio Parnaíba in verschiedene Kanäle auf, welche sich entlang einer breiten und dreieckigen Fläche verteilen. Während der Regenperiode bilden sich wunderschöne Süßwasserseen, welche die Präsenz einer sehr reichen Fauna nur noch erleichtern.

*Besonderheiten*

- Unzählige Inseln mit sandigen, flachen und schwach belebten Stränden.
- Dünen.
- Für die Schifffahrt geeignete Kanäle.
- Beobachtung von Fauna und Flora.
- Kristalline Seen.
- Insel Caju.
- Bad Ponta Grossa.
- APA Foz do Rio Preguiça.

## MA 5 - Pólo das Chapadas
**(Zentrum Chapadas)**

*formende Gebiete*

Imperatriz, Carolina, Riachão, Balsas, Nova Iorque, Mirador, Barra do Corda und Grajaú.

*Physiognomie*

- Es stellt das größte noch erhaltene Buschsteppengebiet Südamerikas dar, welches von typischen Pflanzenspezies aus Wald und Feld bedeckte ist. Dies in einem Relief, welches durch Hochebenen, Flachland und Tälern gekennzeichnet ist, in denen die Präsenz von Felswänden, Grotten und Kavernen häufig ist. Großer Reichtum an Palmen und Galerienwald entlang der Flüsse, welche reich an Wasserfällen sind und über zahlreiche Flussstrände verfügen. Ein Gebiet, welches erst vor relativ kurzer Zeit kolonisiert wurde und dessen Entwicklung sich seit Beginn des Baus der Bundesstraße BR – 010 ergab, die Belém mit Brasília verbindet. Viele Orte wurden in kurzer Zeit zur Errichtung landwirtschaftlicher Güter sowie der Holzindustrie abgerodet.

*Besonderheiten*

- Große Reichhaltigkeit an Flüssen und zum Baden geeigneten Wasserfällen, Bootsrundfahrten und Sportangeln.
- Reichhaltige Flora und Fauna.
- Lokale, welche zur Durchführung von Abenteuertourismus aufgesucht werden.
- Bootsrundfahrten von verschiedenen Stellen des Flusses Tocantins.
- Naturschutzgebiete: Landespark Mirador, Bergbaureservat Mata Grande, Bergbaureservat Ciríaco und APA Serra da Tabatinga (südlich des Zentrums gelegen, zwischen Alto Parnaíba in Maranhão und Ponte Alta in Tocantins).
- Primitive Inschriften und weitere Zeitzeugen anthropologischen Wertes.
- Größtes erhaltenes Gebiet der brasilianischen Buschsteppe.
- Bemerkenswerte Topographie und Vegetation.

diese Seite: Dünen und Fischer im Wald Guarás in Cururupu, Nationalpark Lençóis Maranhenses

andere Seite: Roter Sichler in Cururupu, Nationalpark Lençóis Maranhenses

# MARANHÃO

51

diese Seite: Echse, Wasserfall und Sétima Cidade im Nationalpark Sete Cidades

andere Seite: Pedra Furada, primitive Malereien an der Fundstelle bei Pedra Furada und Fischer im Delta Parnaíba

PIAUÍ

# PIAUÍ

Piauí und Maranhão befinden sich in der Übergangsregion zwischen dem Tiefland von Amazonien, der Dürreregion und der Buschsteppe.

Im Gegensatz zu anderen nordöstlichen Bundesländern, ereignete sich die Kolonisierung in Piauí von innen Richtung Küstengebiet durch die Besiedlung der Schäfer und Viehtreiber, welche im Jahre 1674 einsetzte. Die Jesuiten nahmen bei der Kolonisation und Entwicklung der Viehwirtschaft eine wichtige Rolle ein. Diese erreichte Mitte des XVIII. Jahrhunderts ihren Höhepunk. Die Kolonisation des Landes ergab sich aus Volksbewegungen, welche aus den Ländern Maranhão, Ceará und Bahia herkamen. Während der Bekämpfung und Ausrottung der feindlichsten indianischen Stämme, wie etwa den Tremenbés, und dem zunehmenden Vordringen der Rinderbestallungen entlang der Flüsse, fanden die Kreuzritter und Bauern in den natürlichen Weideflächen geeignete Plätze für die Rinderzucht und gründeten so die ersten Siedlungen der Region.

Nach der Unabhängigkeitserklärung Brasiliens wurde Piauí zur Provinz ernannt und die Hauptstadt wechselte von Oeiras nach Teresina. Im Jahre 1880 bekam das Land infolge einer Übereinkunft mit Ceará im Austausch von Ländereien im Landesinnerem einen kleinen Streifen Küstengebiet zugesprochen.

Im Gegensatz zu den anderen nordöstlichen Bundesländern gab es in Piauí keinen Zuckerrohranbau und in Folge dessen war die Einfuhr der Sklaven auch sehr gering.

Seine wirtschaftliche Situation blieb seit der Kolonialepoche bis vor kurzer Zeit praktisch unverändert mit geringem Einkommen und niedriger Bevölkerungsdichte. Das Land verfügt praktisch über keinerlei Industriezweige und die wichtigsten Aktivitäten werden durch pflanzliche Gewinnung (wie etwa in den Kokos- und Karmabauwäldern), Bergbau und Viehzucht verkörpert. Mit Beginn der 60-ziger Jahre wurden für die Landschaft Bewässerungsprojekte angegangen, wie etwa der Reisanbau in der Buschsteppe, begleitet von einem Anstieg der Energie, dem Bau neuer Straßen und einer Verbesserung der städtischen Infrastruktur.

In den drei letzten Jahrzehnten zog die Landwirtschaft, von großflächigen und fruchtbaren Ländern begünstigt, Landarbeiter aus dem Süden des Landes zum Sojaanbau an. Ausländische Unternehmen, unter welchen sich das chinesische Huanguai, Traktorfabrikant, befindet, ließen sich im Bundesland nieder, welches versucht seine Infrastruktur aufzubessern um Industrien aufzunehmen.

Piauí verfügt über lediglich 66 km Küstengebiet. Teresina, welche an den Ufern des Rio Parnaíba liegt, stellt die einzigste nordöstliche Hauptstadt dar, welche nicht am Meer gelegen ist.

Die derzeitige Regierung setzt in den Tourismus, der sich in der reichhaltigen Umwelt des Deltas von Parnaíba sowie dem archäologischen Potenzial des Nationalparks Serra da Capivara basiert. Dieser wurde von der UNESCO zum kulturellen Erbe der Menschheit ernannt.

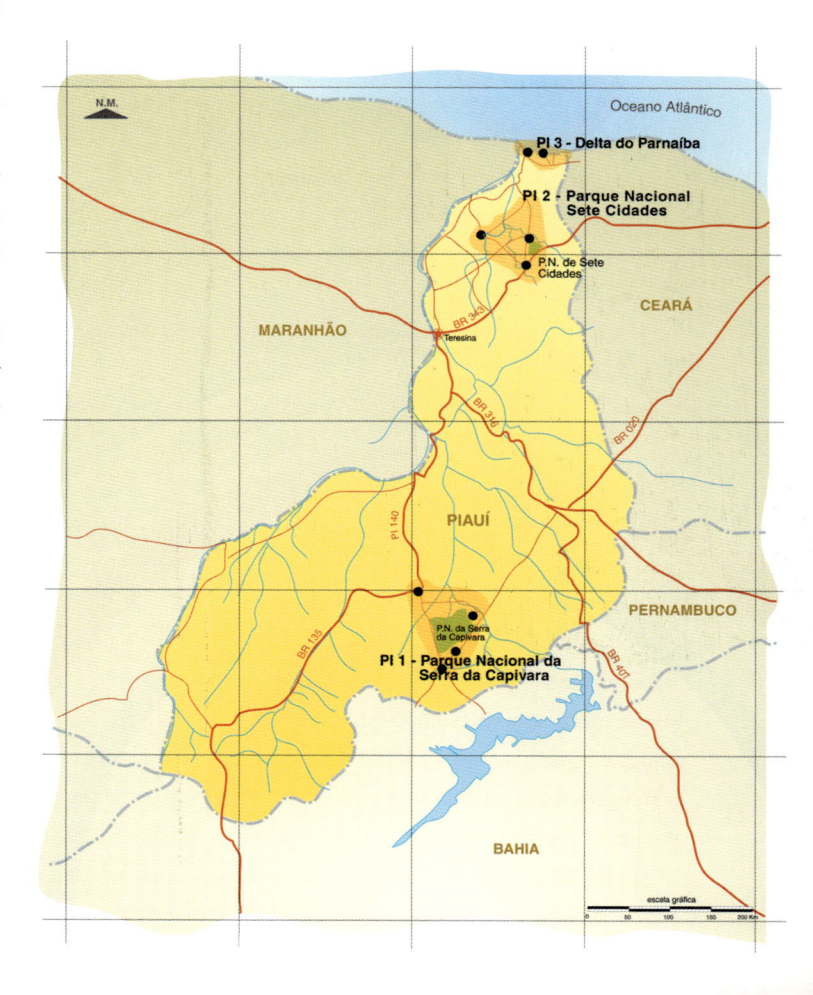

## PI 1 - Pólo Parque Nacional da Serra da Capivara
**(Zentrum Nationalpark Serra da Capivara)**

*formende Gebiete*

São Raimundo Nonato, Coronel José Dias, João Costa und Canto do Buriti.

*Physiognomie*
- Sehr antike Landflächen hügeligen Reliefs, welche in Hochebenen, Plateaus, Berge, Gebirge und Flachland übergehen. In seinen Sedimentärfelsen sind in mehr als 400 archäologischen Fundstellen Fossilien, Inschriften und primitive Malereien erhalten. Warmes Klima, mit kurzen und extrem örtlichen Niederschlägen. Vegetationsformen von Buschsteppe und Caatinga. Die Ausgrabungen an den archäologischen Fundstellen beweisen, dass die menschliche Präsenz auf dem amerikanischen Kontinent bereits seit längerer Zeit währt als angenommen.

*Besonderheiten*
- Museum des amerikanischen Menschen. Eine Einrichtung, welche den Untersuchungen von Fossilienfunden aus der gesamten Region zugerichtet ist; exzellente Betreuung der Museumsbesucher mit überwachten Routen, Rundgängen und Besucherzentrum.
- Leichte sowie etwas anstrengendere Wanderungen zur Betrachtung eines großen Teils der 260 Fundstellen an Inschriften und vorzeitlichen Malereien.
- Bildende, landwirtschaftliche und kunsthandwerkliche Aktivitäten in den Rahmeneinrichtungen der Gemeinde, welche sich um den Park herum befinden.
- Landschaften verschiedenartiger Aspekte: für Spaziergänge, Grotten, Senkungen und Felsmonumente wie Pedra Furada.
- Nationalpark Serra da Capivara.
- Verschiedene Flächen der Region sind mit dauerhaftem APP - Naturschutz ausgezeichnet.

## PI 2- Pólo Parque Nacional Sete Cidades
**(Zentrum Nationalpark Sete Cidades)**

*formende Gebiete*

Piracuruca, Piripiri und Esperantina.

*Physiognomie*
- In den ganz antiken Gebieten befinden sich felsige Sandsteingebilde, welche in einem geschwungenem und hügeligem Relief verteilt sind und an Silhouetten einer Stadt erinnern. Die Prozesse pluvialer und äolischer Erosion formten im Laufe der Zeit die unterschiedlichsten Gebilde großer Schönheit und verschiedenartigen Aussehen in die Felsen. Warmes, halbtrockenes Klima mit seltenen Regenfällen. Es gibt jedoch mehrere Süßwasserquellen. Übergangsvegetation zwischen Buschsteppe und Caatinga.
- An den verschiedenen archäologischen Fundstellen wurden primitive Inschriften entdeckt, welche zur Annahme führten, dass an diesem Ort einst sehr antike Zivilisationen lebten.

*Besonderheiten*
- Natürliche Quellen mit konstantem Wasserfluss.
- Wälder und überschwemmte Felder.
- Wasserfälle und natürliche geformte Schwimmbecken.
- Monumentale Felsgebilde, welche durch Erosionseinwirkungen geformt wurden.
- Dem Besuch von „Sete Cidades" freigegebene Wege. So werden die felsigen Gebilde genannt, welche über zahlreiche primitive Inschriften verfügen.
- Nationalpark Sete Cidades.
- Landespark Cachoeira do Urubu.

## PI 3- Pólo Delta do Parnaíba
**(Zentrum Delta von Parnaíba)**

*formende Gebiete*

Das Zentrum umfasst das Gebiet vom Flussdelta des Parnaíba aus Piauí, wobei die Gemeinden von Parnaíba und Luis Correia mit einbegriffen sind.

*Physiognomie*
- Küstengebiet, in welches der Rio Parnaíba mündet und ein Delta mit unzähligen Kanälen, Inseln, schwach belebten Stränden, Dünen und Süßwasserseen bildet, die sich in der Regenzeit bilden. Die Vegetationsart ist unter den Nebenarmen, Watts, Sandbänken und überschwemmten Gebieten unterschiedlich; große Menge an Tieren: die Nester und Schwärme von Wandervögeln, vor allem der Seevögel, stellen ein gewohntes Bild dar.
- Die menschliche Präsenz im Delta von Piauí ist wesentlich größer als in den benachbarten Region von Maranhão. Dabei hebt sich die Stadt Parnaíba sowie deren Flusshafen mit seinen touristischen Dienstleistungen und Unterkunftsmöglichkeiten heraus.

*Besonderheiten*
- Schwach belebte Strände und Dünen.
- Der Ausübung von Wassersport angepasste Seen.
- Bootsrundfahrten auf dem Parnaíba und seinen Kanälen.
- Touristischer Komplex Porto das Barcas – kulturelles Zentrum (Meeresmuseum), kunsthandwerkliches Zentrum sowie architektonisches Zusammenspiel in Porto Salgado.
- APA Flussdelta Parnaíba.

# CEARÁ

Das Bundesland von Ceará befindet sich in der halbtrockenen Gegend des Nordostens, wobei es westlich von Piauí, südlich von Pernambuco, östlich von Paraíba und Rio Grande do Norte und nördlich vom atlantischen Ozean abgegrenzt wird. Sein Relief ist von Gebirgen, Hochebenen, Flachland aus dem Landesinneren und dem Küstengebiet gekennzeichnet.

Das Territorium von Ceará wurde erst spät von den Portugiesen kolonisiert. Fortaleza, die derzeitige Hauptstadt, wurde von den Holländern während der Periode gegründet, in welcher die Westindische Gesellschaft den Nordosten Brasiliens besetzte (1630-1654). Mit der Vertreibung der Besetzer erreichte die Statthalterschaft von Ceará, welche unter Aufsicht der Regierung von Maranhão stand, die Herrschaft über Pernambuco. Dies dauerte bis zu ihrer Unabhängigkeit um 1799 an. Im Königreich von D. Pedro II. erreichte die Provinz mit der Ankunft der Dampfschifffahrt, Bahnverbindung sowie Gasbeleuchtung einen großen Fortschritt.

Nach jahrzehntelanger Landwirtschaft befindet sich Ceará derzeit in einer Phase industrieller Entwicklung. Dies vor allem in den Bereichen der Textilindustrie, Schuhindustrie, Möbelherstellung, Ernährung, Bergbau, Druck und Metallurgie. In den letzten Jahrzehnten bildete sich der landwirtschaftliche Bereich zu einem wichtigen dem Export zugewandten Pol heraus und die derzeitige Exportrate wird von der Kajenuss angeführt, gefolgt von Textilien, Karmabauwachs, Baumwolle, Leder sowie weiteren Produkten.

Im Polygon der Dürreregion gelegen, verfügt Ceará über eine Kapazität zur Speicherung eines großen Wasservolumens und seit 1960 rechnet es auch mit dem See von Orós, einem der weltweit größten.

Ceará stell eines der meistbesuchtesten touristischen Zentren Brasiliens dar. Historische Fischersiedlungen wie Canoa Quebrada, gekennzeichnet von den roten Steilküsten oder Jericoacoara mit seinen immensen weißen Dünen ziehen Besucher aus aller Welt an. Fortaleza ist bekannt für seine Strände wie etwa dem Mucuripe, von wo aus Schifferboote zum Fischen ablegen oder dem Futuro, welcher in seinen Bars und Restaurants stets voll Touristen ist.

Die Hingabe von Pater Cícero, politischer und religiöser Lider und seit Ende des letzten Jahrhunderts verehrt, führt alljährlich mehr als eine Million Gläubige in Wallfahrten bis zur Stadt Juazeiro do Norte.

Ceará festigt sich immer mehr als touristischer Anlaufpunkt und belegt dabei den dritten Platz im Ranking der Bundesländer. Es hat auf bedeutender Weise Investierungen in die Förderung des Tourismus, die Teilnahme an traditionellen Veranstaltungen im Ausland, sowohl als auch in die Implantation neuer und großer Projekte im Bereich des Hotelwesens, Bauten zur Verbesserung der Wasserversorgung, die Erweiterung des Flughafens Pinto Martins sowie einen neuen internationalen Flughafen getätigt, welcher im Jahre 1998 eingeweiht wurde.

## Ceará

- **CE 5** - Litoral Oeste Cearense
- **CE 4** - Ibiapaba
- **CE 2** - Serra do Baturité
- **CE 6** - Litoral Leste Cearense
- **CE 1** - Vale Monumental do Ceará
- **CE 3** - Cariri

Fortaleza

Parque Nacional de Ubajara

BR 222, BR 020, BR 116, BR 304, BR 316, BR 230

PIAUÍ · RIO GRANDE DO NORTE · PARAÍBA · PERNAMBUCO

Oceano Atlântico

N.M.

escala gráfica
0  50  100  150  200 km

diese Seite: Langustenfischer am Strand Redondas und Grotte im Nationalpark Ubajara.

andere Seite: Waschfrau am Strand Morro Branco und Fischer am Strand Redondas

CEARÁ

diese Seite: Fischer am Strand Galinhos und Barra de Tabitinga

andere Seite: See Genipabu, natürlich geformtes Schwimmbecken im See Formosa und Touristen auf den Dünen von Genipabu

DELFIM MARTINS

# RIO GRANDE do NORTE

# RIO GRANDE do NORTE

Das Bundesland Rio Grande do Norte befindet sich in der halbtrockenen Dürreregion des Nordostens, wobei es den atlantischen Ozean nördlich, Paraíba südlich und Ceará westlich liegen hat. Sein Klima ist warm, mit ein paar Ausnahmen am Küstengebiet und regelmäßigen Niederschlägen. In seinem Landesinneren ist es warm und trocken. Waldflecke des Regenwaldes befinden sich abgesehen von Sandbänken und Watts am Küstengebiet. Die Caatinga Vegetation bedeckt den überwiegenden Teil des Bundeslandes, in welchem sich 80% seines Reliefs durch Flachland und leicht erhöhte Hochebenen bildet. Der übrige Rest setzt sich aus Gebirgen mit einer Höhe von bis zu 800 m zusammen.

Die Kolonisation von Rio Grande do Norte begann Ende des XVI. Jahrhunderts durch die Portugiesen, nachdem sie die Franzosen aus dieser Region vertrieben hatten. Um 1598 gründeten sie die Festung Reis Magos, was die Holländer jedoch nicht daran hinderte die Region fortan zu überwachen. Sie begannen mit dem Zuckerrohranbau, der Entwicklung der Rinderzucht sowie der Salzgewinnung. Mit der Vertreibung der Holländer breitete sich die Bevölkerung von Natal aus beginnend weiter in Richtung der Wiesenflächen von Açu und von Ceará weiter in Richtung Mossoró und Seridó aus.

Da das Klima für den Zuckerrohranbau ungeeignet war, bildete sich das Land zum Zentrum der Rinderzucht heraus und diente der Versorgung der restlichen Statthalterungen im Nordosten. Von da an begann es eine wichtige Rolle bei der Meeressalzgewinnung zu bekommen, wodurch das Interesse der Eindringlinge erweckt wurde. Nach der Unabhängigkeitserklärung, als nämlich die Provinz über ein eigenes in Natal installiertes Zollamt verfügte, begann das Land mit dem Export von Salz, Baumwolle und Dürrfleisch.

Mittlerweile drehen sich die wirtschaftlichen Aktivitäten in Rio Grande do Norte um die Salzgewinnung, wobei es mit mehr als 80% der nationalweiten Produktion das darin führende Bundesland darstellt. Die wichtigsten Saline befinden sich in den Städten Macau und Areia Branca, welche im nördlichen Küstengebiet liegen. Ein weiterer nennenswerter Punkt ist die Petroleumgewinnung, wobei sich die Mehrzahl der Bohrstellen in Mossoró befinden, der zweitgrößten Stadt des Bundeslandes. Der Anbau von Früchten wie Mangos, Cashewnüssen und Honigmelonen stellt eine weitere wirtschaftlich bedeutende Aktivität dar.

Im Verlauf des 2. Weltkrieges stellte die brasilianische Regierung Landflächen in der Region von Parnamirim für nordamerikanische Stützpunkte zur Verfügung. Dieses Gebiet befindet sich in der Nähe von Natal. An diesen Stellen wurde die Barreira do Inferno errichtet, Pionierzentrum in Südamerika zum Raketenabschuss, von wo aus im Jahre 1965 die erste brasilianische Rakete abgeschossen wurde.

Der Tourismus stellt unter den durchgeführten Aktivitäten eine der vielversprechendsten dar, wobei Natal eines der Zentren mit den meisten Attraktionen verkörpert. Die Implantation der Via Costeira, einer acht Kilometer am Meer entlang verlaufenden Küstenstraße, an welcher sich die wichtigsten Hotels und Restaurants der Stadt sowie der Dünenpark befinden, welcher einer der größten in Stadtzone gelegenen Parks Brasiliens ist, gaben den touristischen Aktivitäten ihren Impuls.

Um 1982 wurde in Natal das Konventionszentrum eingeweiht, welches eine große Bedeutung bei der Realisierung von Ereignissen sowie der Förderung des Tourismus im Bundesland darstellt. Seitdem investiert die Regierung von Mal zu Mal mehr in den Tourismus, verbessert die Infrastruktur und bewahrt das natürliche Erbe.

In diesem Sinne heben sich Investitionen in die Infrastruktur der Verbindungswege sowie Sanierungsarbeiten als starke Punkte heraus. Die Rota do Sol stellte den Zugang zu den nördlichen und südlichen Küstengebieten bereit und der Flughafen Augusto Severo ermöglichte den Empfang internationaler Linienflüge.

In Rio Grande do Norte können 410 km Strände, Sonnenschein an fast 300 Tagen pro Jahr, Kokospalmen, Seen, immense Dünen sowie archäologische Fundstellen zusammengezählt werden, an denen primitive Malereien, Fossilien und indianische Werkzeuge gefunden wurden. All dies macht aus dem Land ein Zusammenspiel attraktiver ökotouristischer Besonderheiten.

Derzeit befinden sich etwa 30 Projekte für den Bau von Ressorts und Flächen für den Ökotourismus in Analyse und italienische Unternehmen sind an einer Hotelvermietung in Natal interessiert. Im Jahre 1998 investierte die EMBRATUR R$ 10 Millionen in Rio Grande do Norte, wobei es dabei als bedeutendstes Projekt den Bau eines neuen Terminals im Flughafen Augusto Severo unterstützte.

## Mapa

**Rio Grande do Norte**

- RN 1 - Litoral Leste Potiguar
- RN 2 - Litoral Norte Potiguar
- RN 3 - Serras do Sul
- RN 4 - Cabugi
- RN 5 - Seridó
- RN 6 - Serras do Sudoeste

Estados limítrofes: CEARÁ, PARAÍBA

Oceano Atlântico

Rodovias: BR 304, BR 116, BR 427, BR 230, BR 101, BR 226

Natal

escala gráfica
0   50   100 km

## RN 1 - Pólo Litoral Leste Potiguar
**(Zentrum östliches Küstengebiet Potiguar)**

*formende Gebiete*
Baía Formosa, Tibaú do Sul, Arês, Nísia Floresta, Parnamirim, Natal, Extremoz, Maxaranguape und Rio do Fogo.

*Physiognomie*
- Küstengebiet mit noch unberührten Stränden; Laichplatz der Meeresschildkröten; viele Dünen, Steilküsten, Riffe und starker Präsenz an Lagunen und Seen. Regenwald- und Wattvegetation; Gebiete, welche eigens zum Unterschlupf einer der bedeutendsten Heere an brasilianischen Seekühe bestimmt sind. Große Präsenz archäologischer Fundstellen.

*Besonderheiten*
- Küste reich an geeigneten Stränden für zahlreiche ökotouristische Aktivitäten: Tauchen, Schwimmen, Wandern und Dünenspaziergängen.
- Beobachtung von Fauna und Flora sowie der vom Aussterben bedrohten Tiere.
- Strandriffe, steinige Formierungen und Küstenriffe.
- Boots- und Buggyrundfahrten.
- Landespark der Dünen.
- Festung Reis Magos.
- Historische Bauten.

## RN 2 - Pólo Litoral Norte Potiguar
**(Zentrum nördliches Küstengebiet Potiguar)**

*formende Gebiete*
São Miguel de Touros, São Bento do Norte, Guamaré und Macau, welches vor Ort auch als Costa do Sol bekannt ist.

*Physiognomie*
- Von stark salzhaltigem Wasser umgebene Strände, einige davon mit gefärbtem Sand und andere durch Korallenriffe und kalkhaltige Algen geschützt, mit ruhigem Meeresgang, überwiegend schwach besucht. Region weist starke Luftfeuchte, Flutbewegung und wenig Niederschläge auf. Ländliche Vegetation kennzeichnet sich durch Caatinga mit vielen Kakteen sowie vereinzelten Sträuchern, welche bis in Küstennähe stehen.

*Besonderheiten*
- Schwach besuchte Strände mit guten Möglichkeiten zum Schwimmen und Tauchen.
- 15 km von der Küste entfernt liegt Parcel das Agulhas mit raren Unterwasserbildungen von zylindrischen Säulen, welche eine Höhe von 6 m erreichen und versteinerten Kokospalmen ähneln.
- Geräumige und überschwemmte Saline zur Aufstauung des Meereswassers, welche in der gesamten Region inmitten Watts und Dünen präsent und von weißen Sandbergen umgeben sind.

## RN 3 - Pólo Serras do Sul
**(Zentrum Serras do Sul)**

*formende Gebiete*
Serra de São Bento, Passa e Fica, São José do Campestre, Tangará, Serra Caiada, Sítio Novo und Barcelona.

*Physiognomie*
- Die Landschaft setzt sich Granitgebirgen zusammen, in denen die Berge eigenartige Formen unzähliger paläontologische Spuren aufweisen, wie etwa Mammutfossilien aus der Pleistozänzeit, primitive Malereien sowie Werkzeuge, welche von vorzeitlichen Menschen benutzt wurden. Große Felsblöcke, die Monoliths, heben sich so wie die in den Fels gegrabenen Speicher aus dem ländlichen Umfeld heraus, welche auf eine sehr antike Zeit dieser Formierungen schließen lassen.

*Besonderheiten*
- Archäologische Fundstellen, ideal für kulturellen Tourismus.
- Steilwände und Felsblöcke für Bergsport, Klettern, Rapel, usw.

## RN 4 - Pólo Cabugi
**(Zentrum Cabugi)**

*formende Gebiete*

Pedra Preta, Lajes, Itajá, São Rafael und Jucurutu. Entspricht dem Anfang einer Region, welche auch als Sertão bekannt ist.

*Physiognomie*
- Seine Topografie ist durch zahlreiche Granitketten und Berge geringer Höhe bestimmt, an denen eine starke Präsenz an natürlichen, sehr schönen und in den Fels gegrabenen Schwimmbecken besteht. Im gesamten Bereich wurden bereits Fossilien aus der Pleistozänzeit sowie Überbleibsel von menschlichen Aktivitäten der Prähistorik entdeckt. An diesem Ort stößt man auch auf den Pico do Cabugi, dem einzigsten brasilianischen Vulkan, welcher seine originale Silhouette weiterhin bewahrt und ein geschätztes Alter von 28 Millionen Jahren aufweist.

*formende Gebiete*
- Unzählige paläontologische Besonderheiten.
- Natürliche, in den Fels gegrabene Schwimmbecken.
- Berge geringer Erhebung und somit ideal für den Bergsport geeignet.
- Lagoa Formosa.
- Casa da Pedra – menschliche Felsunterkunft aus der Vorgeschichte, mittlerweile Wallfahrtsort.

## RN 5 - Pólo Seridó
**(Zentrum Seridó)**

*formende Gebiete*

Currais Novos, Acari, São José do Seridó, Cruzeta, Caicó, Serra Negra do Norte, Jardim do Seridó, Parelhas und Carnaúba dos Dantas.

*Physiognomie*
- Weite Gebirgsfläche, welche sich im Süden des Bundeslandes befindet und eine der wichtigsten archäologischen Provinzen Brasiliens darstellt. Caatinga - Landschaft mit typischer Vegetation und Wasserspeichern zur Nutzung der intermittierenden Flüsse.

*Besonderheiten*
- Wasserspeicher, in denen Wassersportarten und Angeln praktiziert werden kann.
- Archäologische Fundstellen.
- Historische Besonderheiten: Schloss Bivar - Steinbau in Carnaúba dos Dantas; mittelalterliches Schloss in Engadi; Kloster in Caicó sowie Landesmuseum in Acari.
- Migration der Turmschwalben (Gebirge Bico da Arara, Acari) im Monat März.

## RN 6 - Pólo Serras do Sudoeste
**(Zentrum südwestliches Gebirge)**

*formende Gebiete*

Martins, Patu, Apodi und Felipe Guerra.

*Physiognomie*
- Im sedimentären Flachland, welches die westliche Region von RN bedeckt, stößt man nahe der Grenze zu Ceará auf die Hochebene Apodi. Das Relief ist durch Kalkbildungen gekennzeichnet, mit häufiger Präsenz an Grotten mit kleinen Seen transparenten Wassers. An diesem Ort gelangt man zu Soledade, einer der größten Expositionen an Kalkfels des Nordostens. Unterkünfte unter den Felsen, prähistorische Malereien, Äxte und weitere Objekte indianischen Ursprungs aus poliertem Stein sind Zeugen menschlichen Lebens aus früheren Zeitaltern, wie auch eine große Fossilienvielfalt der verschiedensten Tiere. Die Region wird von ausgedehnten Flächen antiker Karmabaupalmen verschönert.

*Besonderheiten*
- Lajedo de Soledade mit wunderschönen prähistorischen Malereien und Gravierungen, Fossilien gigantischer Tiere, Canons, Felsunterkünften sowie einem schönen See.
- Fundstelle Góes – ein Ort großen Reichtums an sehr antiken Fossilien.

# PARAÍBA

Paraíba befindet sich südlich von Rio Grande do Norte, nördlich von Pernambuco und östlich von Ceará. Am Küstengebiet mit seinen sehr schönen Stränden liegt Cabo Branco bei Ponta do Seixas, dem östlichsten Punkt Brasiliens. Im Flachland des Küstengebietes treffen Regenwaldstreifen und weiter ins Land hinein, die Caatinga - Vegetation aufeinander. João Pessoa gilt als Stadt mit den meisten Grünflächen Brasiliens. Die Sommer sind warm und mit niederschlagsarm und die Winter mild und regnerisch.

Zu Beginn der portugiesischen Kolonisation war Paraíba teil der Statthalterschaft von Itamaracá. Es wurde von den Franzosen besetzt, welche eine Allianz mit den Indianervölkern gegen die Portugiesen bildeten und die Kolonisation konnte erst nach Vertreibung der Besetzer um 1580 effektiv angegangen werden. Während der Kolonialzeit wurde Paraíba zuerst an Pernambuco angegliedert, später wieder abgeteilt und grenzte sich jedoch erst im Jahre 1799 endgültig ab.

Die Besetzung des Territoriums hinterlies als Spur ein von Katechesemissionen und Kreuzrittern zerstörtes Landesinnere, welche die Rinderzucht als hauptsächlichste wirtschaftlichste Aktivität besaßen. Im Küstengebiet beliefen sich die wirtschaftlichen Aktivitäten rund um die Gewinnung des Brasilholzes, gefolgt von den Zuckerrohrplantagen und zuletzt auch noch um Baumwolle, wobei stets Sklaven als Arbeitskräfte benutzt wurden.

Paraíba ist ein Bundesland mit niedrigem Durchschnittseinkommen und einer Bevölkerungsdichte von 58,63 Einwohnern pro km2.

In João Pessoa und Campina Grande ist ein guter Teil der landesweiten Wirtschaft konzentriert, welche sich auf der Lederindustrie, Tourismus sowie Land- und Viehwirtschaft basiert. Als drittgrößter Schuhproduzent des Landes rechnet das Land mit mehr als 70 Unternehmen aus der Lederverarbeitung sowie mehr als 500 Mikroindustrien des informalen Bereiches. Unter den wirtschaftlichen Produkten des primären Bereiches kann die Ananas hervorgehoben werden, von welcher das Land auf nationaler Ebene größter Produzent ist. Ferner Sisal, Baumwolle sowie Rinder-, Schweine-, Ziegen- und Schafzucht.

Die neueste Entdeckung von der Paläontologie zugewandten Besonderheiten verändert das Profil der touristischen Entwicklung. Der Sertão begann damit Besucher anzulocken, welche die Stadt Souza aufsuchen um sich die im Tal der Dinosaurier existierenden enormen Fährten prähistorischer Tiere aus der Nähe zu betrachten.

Jedoch ohne über einen Flughafen größerer operationeller Kapazität sowie Flugverbindungen in die wichtigsten Zentren des zentralen Südens zu verfügen, hatte die Hauptstadt João Pessoa lange Zeit über nur das Hotel Tambaú als Symbol bester Unterkunftsmöglichkeit und touristischer Anlaufpunkte am Strand. Mit der Implantierung des touristischen Zentrums Cabo Branco – einem Komplex, welcher mit 19 Hotels und verschiedenen Ausstattungsmöglichkeiten für Tourismus und Freizeitvergnügen rechnen wird – sowie der Verbreitung neuer natürlicher und kultureller Attraktionen wie etwa Campina Grande – der brasilianischen Hauptstadt des Forró, welche sich im Juni in einen immensen Rummelplatz zur Begehung des Johannisfestes verwandelt – hofft man, das Paraíba unter den Touristen bekannt wird.

## Paraíba

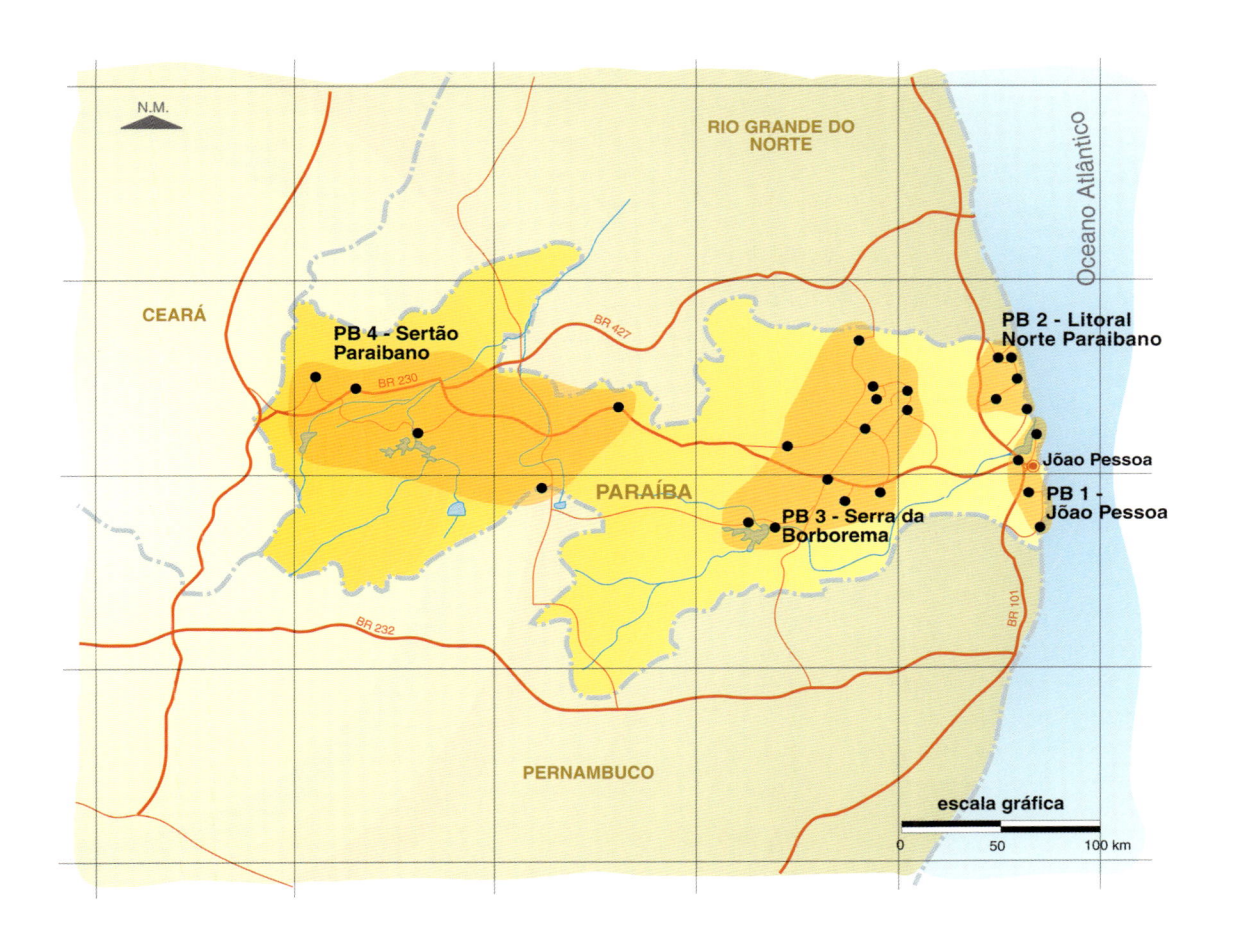

- **PB 4 - Sertão Paraibano**
- **PB 3 - Serra da Borborema**
- **PB 2 - Litoral Norte Paraibano**
- **PB 1 - João Pessoa**

CEARÁ · RIO GRANDE DO NORTE · PERNAMBUCO · Oceano Atlântico

João Pessoa

BR 230 · BR 427 · BR 232 · BR 101

N.M.

escala gráfica
0 — 50 — 100 km

## PB 1 - Pólo João Pessoa
**(Zentrum João Pessoa)**

*formende Gebiete*

João Pessoa, Bayeux, Conde, Cabedelo und Pitimbu.

*Physiognomie*

- Der Pol bei João Pessoa umfasst Ponta Seixas, Strände feinen Sandes und ruhigem Meer mit kristallinem Wasser und Korallenriffen. Als drittälteste Stadt Brasiliens verfügt João Pessoa über mehr als 400 Jahre Geschichte. Einige der südlich gelegeneren Strände sind von Steilküsten umgeben, was einer geringen Stufe an Küstenplateaus entspricht, welche auch als Tablett bezeichnet werden. In den nächstgelegenen Regionen stößt man an den Flussmündungen auf Watts. Die Nähe zum Äquator sowie eine hohe jährliche Sonneneinstrahlung führen zu einem warmen Klima, mit Regenzeit zwischen März und September. Dort, wo sich der Fluss Paraíba in den Atlantik ergießt, bilden sich die Inseln Andorinhas, Stuart und Restinga, welche von üppiger Vegetation mit Pflanzenspezies für Sandbänke und Watts bedeckt sind.

*Besonderheiten*

- Grüne Fläche von João Pessoa (Regenwald).
- Strände mit natürlichen Schwimmbecken bei Ebbe, Steilküsten, Riffen, sowie ruhigem und kristallinem Wasser.
- Südliches Küstengebiet von Paraíba mit Watts, Sandbänken, Kokospalmen, Flüssen und Steilküsten.
- Ponta do Seixas – extrem östlich des amerikanischen Kontinents gelegen.
- Leuchtturm Cabo Branco.
- Festung Santa Catarina – historisches Erbe.
- Viele Stellen zum Tauchen, Korallenbarrieren und vielfältige Meeresfauna.
- Naturreservat Mata do Buraquinho.
- Insel aus rotem Sand am Strand Camboinha.

## PB 2 - Pólo Litoral Norte Paraibano
**(Zentrum nördliches Küstengebiet von Paraíba)**

*formende Gebiete*

Lucena, Rio Tinto, Baía da Traição, Marcação und Mataraca.

*Physiognomie*

- Durch die Flussmündung des Paraíba getrennt, war das nördliche Küstengebiet das erste im Bundesland, welches von Touristen besucht wurde. In dieser Region empfangen die geraden, abgelegenen und durch Dünen groben Sandes breit geformten und mit Kokospalmen bestückten Strände mit ihren starken Wellen das Wasser des tiefen Meeres. In der Region von Barra do Mamanguape, einem Naturschutzgebiet, beherbergt eine Formation an Korallenriffen das Zentrum zur Erhaltung der Seekühe.
- Die APA Barra do Rio Mamanguape trägt nicht nur am Erhalt dieser Säuger bei, sondern schützt auch wichtige Ökosysteme des dortigen Küstengebietes, wie etwa: Watts, Dünenstreifen, Regenwald, Riffe und Steilküsten. Seine Küste bildet sich aus praktisch verlassenen Stränden, welche von einigen Meeresschildkrötenspezies als Laichplatz genutzt werden.

*Besonderheiten*

- Fischreiche Flüsse.
- Abgelegene Strände, starke Wellen, Kokospalmen.
- Barra do Mamanguape – Naturschutzgebiet (Erhaltung der Seekühe).
- Baía da Traição – Ruinen einer antiken Festung und Indianerreservat der Potiguares.
- Lagoa Encantada, lokalisiert sich an den Gebirgsklippen und ist umgeben von wilder Vegetation seltener Schönheit.
- Naturschutzgebiete: ARIE der Watts an der Flussmündung des Mamanguape, APA Barra do Rio Mamanguape, REBIO Guaribas und EE Wald des Rio Vermelho.

## PB 3 - Pólo Serra da Borborema
**(Zentrum Gebirge Borborema)**

*formende Gebiete*

Campina Grande, Ingá, Fagundes, Boqueirão, Cabaceiras, Pocinhos, Areia, Bananeiras, Araruna, Pirpirituba, Serraria und Guarabira.

*Physiognomie*

- Das Gebirge von Borborema, Teil der Hochebene Cristalino Brasileiro, befindet sich zwischen dem Küstentiefland und der halbtrockenen Dürreregion im Landesinneren von Paraíba. Es erhielt seine Bezeichnung vom Gebirge Cariris, Borborema sowie Ibiapaba und birgt mehrere Flussquellen in sich, darunter jene des Capibaribe, Paraíba, Piranha und Jaguaribe. Es ist eine Region großen Reichtums und landschaftlicher Vielfalt. In Ingá, nahe der Stadt Campina Grande gelegen, durchschneidet eine Reihe Gneisblöcke sowie weitere mettamorphe Gesteine das Flussbett und stellt dabei primitive, von prähistorischen Menschen angefertigte Malereien dar. Dadurch wurde ihnen die Bezeichnung archäologische Fundstelle Itacoatiaras de Ingá verliehen. Es gibt auch Grotten und vereinzelte Felsbildungen; viele Wasserfälle bilden sich zwischen den Felsen, wie etwa der Roncador mit seinen 25 m Höhe. Es sind auch Flüsse, Schlunde und Gruben, Granitberge und Kavernen vertreten, in denen auf Überreste einer Fauna gigantischer Säuger gestoßen wurde, welche das brasilianische Territorium vor etwa 50 tausend Jahren belebten. Riesenfaultier, Riesengürteltier und Mastodonten sind einige der sich im Museum für Naturgeschichte von Ingá ausgestellten Fossilien.

*Besonderheiten*

- Felsblöcke mit ungewöhnlichen Formen, Felsspalten und Wasserfällen.
- Stein Ingá – antike Inschriften.
- Fossilien von gigantischen Säugern im Museum für Naturgeschichte Ingá.
- Ökologisches Reservat Pau Ferros – 600 Hektar Regenwald mit unzähligen Quellen und einer abwechslungsreichen Flora und Fauna.

## PB 4 - Pólo Sertão Paraibano
**(Zentrum Landesinneres von Paraíba)**

*formende Gebiete*

Sousa, Santa Luzia, São João do Rio do Peixe, Coremas und Maturéia.

*Physiognomie*

- Inmitten einer halbtrockenen Dürreregion stößt man im Zentrum des Landesinneren von Paraíba auf fantastische natürliche Überraschungen sowie die höchsten Gipfel des Bundeslandes. Der höchste Punkt ist der Gipfel Jabre, mit 1.197 m über dem Meeresspiegel gelegen. Er befindet sich in einem Gebiet feuchten und quellreichen Waldes und darf nur mit Genehmigung betreten werden. Dies sowohl aus dem Blickwinkel nationaler Sicherheit wie auch der Erhaltung. Der Gipfel Yaju ist sowohl Zeuge geologischer Vergangenheit als auch in einer Region präsent, welche reich an Inschriften und prähistorischen Gravierungen der ersten Ureinwohner Amerikas ist. In Sousa gibt es einen buchstäblichen prähistorischen Schatz, dem Tal der Dinosaurus, welches sich im Becken des Rio Peixe befindet. Es stellt eines der bedeutendsten paläontologischen Fundstellen der Welt dar und verfügt über bezaubernde Überreste der Dinosaurier, welche hier bereits vor 120 Millionen Jahren lebten.

*Besonderheiten*

- Archäologische Fundstellen.
- Überreste von Dinosaurus im Becken des Rio Peixe, in Sousa.
- Thermalquellen.
- Fazenda Acauan in Sousa; lokale Künstler fertigten hier Repliken von Dinosaurus in Lebensgröße an.
- Im Tal der Dinosaurus stößt man auf Überreste von Knochenfunden prähistorischer Tiere, versteinerten Regen, primitive Vegetation und mehr als 50 Spurenarten von Dinosaurier.

diese Seite: Lajedo do Pai Mateus und Toca do Tapuia im Gebirge Borborema und Landesinneres Cariri.

andere Seite: Strand Tabatinga, südliche Küste von João Pessoa

PARAÍBA

GILVAN BARRETO

# PERNAMBUCO

andere Seite: Strand Leão und Strand Atalaia im Nationalmeerespark Fernando de Noronha, Berg am Tal Catimbau in Buíque, Fischer an den Riffen des Strandes Serrambi und Pedra Furada in Venturosa

diese Seite: Strand Morro Dois Irmãos, Nationalmeerespark Fernando de Noronha

# PERNAMBUCO

Das Bundesland Pernambuco befindet sich südlich von Paraíba und Ceará, nördlich von Alagoas und Bahia und östlich von Piauí. Sein Relief setzt sich aus an der Küste gelegenen Flachländern, zentralgelegenen Hochebenen und westlichen Tiefländern zusammen.

Es war eine der ersten Gebiete Brasiliens, welche von den Portugiesen besetzt wurde. Duarte Coelho, Donataar der Statthalterschaft, gründete im Jahre 1535 die Siedlung Olinda und begann damit den Zuckerrohranbau, welcher eine gute Weile der Kolonialzeit zur Grundlage der brasilianischen Wirtschaft wurde. Die schnelle Entwicklung der Statthalterschaft zog Portugiesen und Ausländer an und im XVII. Jahrhundert besetzten die Holländer das Land und stabilisierten sich. Zwischen 1630 und 1654 wurde Pernambuco durch die Westindische Gesellschaft verwaltet. Einer Periode, in welcher während der Führung durch João Maurício de Nassau in Recife verschiedene Werke zur Verstädterung durchgeführt wurden. Jener Stadt, welche dazu bestimmt war neue Hauptstadt zu werden, da Olinda ja bereits abgebrannt war und erst später wieder neu aufgebaut wurde. Die Architektur von Olinda, eine der repräsentativsten aus der Kolonialzeit, brachte die UNESCO dazu die Stadt im Jahre 1982 zum kulturellen Erbe der Menschheit zu ernennen.

Im Laufe der gesamten brasilianischen Geschichte war Pernambuco stets Schauplatz von Rebellionen und Revolten. So etwa dem Krieg der Mascates, der Revolution in Pernambuco, der Konföderation vom Äquator und der Revolte Praieira. Im Vorfeld der Republik versuchten die Berater der Regierung das Industrienetz des Bundeslandes zu erweitern, welches jedoch weiterhin von der traditionellen Exploration des Zuckers geprägt war.

In den 90-ziger Jahren projektierte das Trinom, welches sich durch die notwendigen touristischen Aktivitäten, der bewässerten Landwirtschaft sowie dem Hafenkomplex von Suape zusammensetzte, die Wirtschaft aus Pernambuco auf landesweiter Ebene. Im Tourismus sieht das Projekt Costa Dourada, ein gemeinschaftliches Programm aus Privatinitiative, der Bundesregierung und den Bundesländern Pernambuco und Alagoas, vor im Küstengebiet zwischen Cabo de Santo Agostinho (südlich von Pernambuco) und Barra de Santo Antônio (nördlich von Alagoas) eine Infrastruktur für die Exploration natürlicher Potenziale der Region zu errichten.

Pernambuco ist zu einem der größten touristischen Zentren des Landes herangereift. Die koloniale Architektur von Olinda und der Hauptstadt Recife lassen die Präsenz der Holländer in Brasilien vermuten. In Olinda zieht der Karneval Tausende von Trubelbrüdern an. Dabei werden Traditionen wie der Frevo oder der Maracatu am Leben erhalten. Caruaru im Landesinneren ist Hauptsitz des größten Marktes aus dem Nordosten und im Monat Juni wird er von Tausenden Leuten besucht, die zu den Feierlichkeiten des Johannisfestes kommen. Während der Karwoche, wird in Nova Jerusalém die Leidenschaft zu Christi aufgeführt. Der Ort stellt das größte Freilufttheater der Welt dar und verfügt über eine Kapazität an 80.000 Besucherplätzen. Olinda wurde nicht nur zum historischen und kulturellen Erbe der Menschheit ernannt, sondern im Jahre 1982 seiner Üppigkeit an geschützten Bäumen in Höfen und Straßen der Stadt wegen auch von der Stadtverwaltung zur ökologischen Stadt ernannt.

Recife und Olinda erscheinen unter den wichtigsten touristischen Anlaufpunkten der Ausländer, welche sich in Brasilien auf Besuch befinden und vom Konsum an Kultur, Freizeitvergnügen, Abenteuer und Kontakt zur Natur motiviert sind.

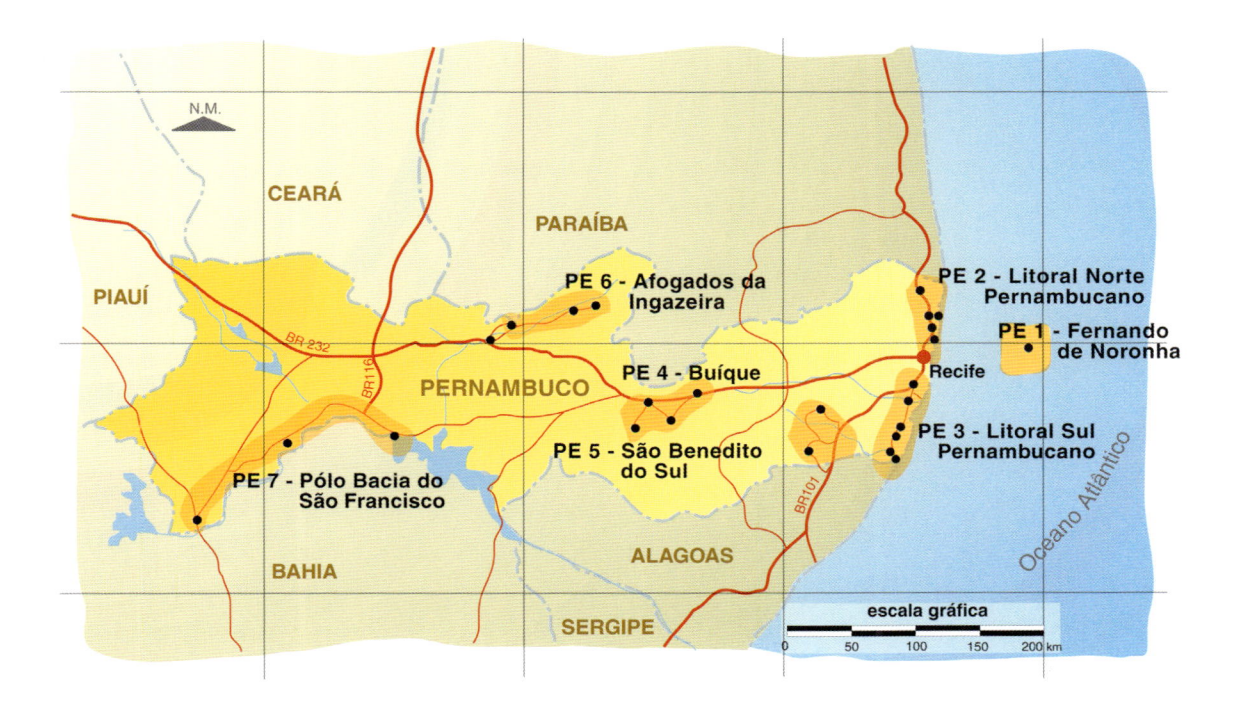

## PE 1 - Pólo Fernando de Noronha
**(Zentrum Fernando de Noronha)**

*formende Gebiete*
- Inselgruppe Fernando de Noronha.

*Physiognomie*
- Die Inselgruppe Fernando de Noronha wird durch sechs größere und vierzehn kleinere, felsige und unbegehbare Inseln gebildet, welche vulkanischer Herkunft sind. Sie sind Teil der Unterwasserberge, welche praktisch den atlantischen Ozean teilen. Das Klima kennzeichnet sich durch tropische Wärme; das Süßwasser ist eines der wichtigsten ausschlaggebenden Faktoren zum Selbsterhalt der Inselgruppe, da alle kleinen Wasserverläufe während der Trockenzeit austrocknen. Die vorherrschende Vegetation setzt sich Kakteen und stacheligen Sträuchern zusammen. Im Meer stößt man auf ausgedehnte Korallenformationen sowie der gesamten diesem Ökosystem angehörigen Fauna, so wie auch Delphinschwärmen, verschiedenen Haispezies und anderen Fischen.

*Besonderheiten*
- Klares Wasser, exzellent zum Tauchen geeignet; reiche Fauna.
- Natürlich geformte Schwimmbecken.
- Korallenbildungen.
- Meeresvögel.
- Strände, Berge und Grotten.
- Antike Bauten.
- Nationalmeerespark Fernando de Noronha, APA Rocken- und Felsatoll São Pedro und São Paulo.

## PE 2 - Pólo Litoral Norte Pernambucano
**(Zentrum nördliches Küstengebiet von Pernambuco)**

*formende Gebiete*

Goiana, Itamaracá, Itapissuma, Igarassu und Paulista.

*Physiognomie*

- Flachlandregion an der Küste, welche mit Flussmündungen, Brücken und Inseln unterbrochen ist. Das Meer ist nicht sehr tief und die Wellen zum Baden geeignet mit Riffen, Bromeliazee und natürlich geformten Schwimmbecken. In der südlichen Waldregion von Pernambuco gelegen, herrscht an mehreren Stellen des Zentrums noch eine große Regenwaldpräsenz vor. Die Watts sind konstant in der Landschaft, welche durch zahlreiche Flussmündungen gekennzeichnet ist. Mehrere historische Fundstellen mit einem bemerkenswerten Erbe der Kolonialzeit.

*Besonderheiten*

- Strände mit großen Kokospflanzungen und geeignet zum Baden.
- Regenwaldvegetation, Watts.
- Naturreservat Tabatinga – RPPN.
- Historisches und kulturelles Erbe von Recife und Olinda.
- Historische Stadt Goiana mit religiösen Monumenten und historischen Zuckerrohrmühlen.
- Kunsthandwerk und Folklore.

## PE 3 - Pólo Litoral Sul Pernambucano
**(Zentrum südliches Küstengebiet von Pernambuco)**

*formende Gebiete*

Cabo de Santo Agostinho, Ipojuca, Sirinhaém, Rio Formoso, Barreiros und São José da Coroa Grande.

*Physiognomie*

- Küste mit Stränden, welche ausgedehnte Barrieren an Korallenriffen aufweisen, wodurch das Wasser ruhiger und an Leben reicher wird. Watts und einige Erhöhungen, Vegetation setzt sich aus Neoregelyen, Sträuchern bis hin zu großen Bäumen zusammen, welche Überreste des Regenwaldes darstellen.

*Besonderheiten*

- Korallenriffe, klares Wasser, exzellent zum Tauchen geeignet.
- Unzählige Strände, natürlich geformte Schwimmbecken, Flüsse, Inseln.
- Felserhebungen mit Panoramaausblick; vulkanischen und sandsteinigen Formierungen an den Stränden.
- Überreste des Regenwaldes.
- Cabo de Santo Agostinho – architektonisches Zusammenspiel.
- Mata do Zumbi.
- Verschiedene natürliche Reservate mit Watts und Sandbänken.

## PE 4 - Pólo Buíque/Pesqueira/Venturosa
**(Zentrum Buíque/Pesqueira/Venturosa)**

*formende Gebiete*

Pesqueira, Venturosa, Buíque und Arcoverde.

*Physiognomie*

- Gebirgssystem mit granitsteinigem und sedimentärem Charakter bei Agreste, welche eine Höhe bis zu 1.125 m aufweisen. Bedeutende archäologische Fundstellen mit primitiven Inschriften und Felsunterkünften. Lokale großer Mythen und Heiligenstätten, welche Tausende von Pilgern anziehen. Die überwiegende Vegetation von Kriechpflanzen ist eine Charakteristik der Caatinga.

*Besonderheiten*

- Gebilden aus Sandstein und Granit mit eigenartigen Formierungen und archäologisches Erbe.
- Zahlreiche archäologische Fundstellen.
- Natürlich geformte Schwimmbecken, Kessel, Kavernen und Wasserfälle.

- Pedra Furada: granitartige Formierung – Aussichtspunkt und Inschriften.
- Vale do Catimbau mit archäologischen Flächen, indianischen Friedhöfen, Kavernen, Quellen und Pfaden.

## PE 5 - Pólo Bonito/São Benedito do Sul
**(Zentrum Bonito/São Benedito do Sul)**

*formende Gebiete*
Bonito und São Benedito do Sul.

*Physiognomie*
- Waldregion mit zahlreichen Wasserfällen, Höhlen, malerisch geformten Steinen und schönen Landschaften. Graniten Gesteinsbildungen, Flüsse, welche diese durchschneiden, Bildung von Wasserfällen und wunderschönen natürlich geformten Schwimmbecken.

*Besonderheiten*
- Felsige Gesteinsbildungen.
- Höhlen.
- Wasserfälle und natürlich geformte Schwimmbecken.
- Vegetation des Regenwaldes.
- Angenehmes Klima und Infrastruktur geeignet für verschiedene ökotouristische Praktiken.

## PE 6 - Pólo Afogados da Ingazeira/Serra Talhada
**(Zentrum Afogados da Ingazeira/Serra Talhada)**

*formende Gebiete*
Afogados da Ingazeira, Serra Talhada und Triunfo.

*Physiognomie*
- Die Topographie setzt sich aus Tälern sowie einem wunderbaren System an Erhöhungen, Gebirgen und Felsblöcken zusammen, welche dem Besucher traumhaft schöne Landschaften, natürlich geformten Schwimmbecken während der Regenzeit, Granitbildungen sowie in Fels geformte Kessel, Grotten und Höhlen anbieten, von denen einige in ihren Wänden über Inschriften verfügen. In den höheren Bereichen überwiegt eine üppige Vegetation an großen Baumarten, Lianen, Adlerfarnen und Phillodendrum Imbe Schott, welche eine natürliche Kurtine darstellen. Der Gipfel Papagaio, mit seinen 1.200 m gleichzeitig höchster Punkt des Bundeslandes, stellt eine der schönsten regionalen Landschaften aus dem Landesinneren von Pernambuco dar.

*Besonderheiten*
- Wunderschöne Landschaften inmitten des Landesinneren.
- Felsige Gesteinsbildungen.
- Natürlich geformte Schwimmbecken und Wasserfälle in den Regenmonaten.
- Grotten, Kavernen und Höhlen mit primitiven Inschriften.
- Triunfo – antike Bauten, Zuckermühlen, Infrastruktur und Klima sind für Ökotouristen anziehend.
- Verschiedene Naturschutzgebiete.

## PE 7 - Pólo Bacia do São Francisco
**(Zentrum Becken São Francisco)**

*formende Gebiete*
Belém de São Francisco, Santa Maria da Boa Vista und Petrolina.

*Physiognomie*
- Zentrum im Bereich des Sertão, angrenzend an den Fluss São Francisco; welches am Staudamm Itaparica beginnt und sich bis hin zu den Ufern des Staudammes Sobradinho (Gebirge Marrecas) erstreckt. Die überwiegende Vegetation ist durch das Caatinga gekennzeichnet. Typisches warmes Klima der halbtrockenen Dürreregion. Viele gut zum Baden geeignete Inseln und kleine Seen in ihrem Inneren. System landwirtschaftlicher Industrie und bewässerter Landwirtschaft, Obstanbau guter Qualität.

*Besonderheiten*
- Rio São Francisco; Bootsrundfahrten und Besuch der am Fluss liegenden Siedlungen.
- Caatinga - Landschaft; Kirchen und antike Bauten.
- Typische Gerichte und Kunsthandwerk.
- Inseln mit ideal zum Baden geeigneten Stränden und kleinen Seen.
- Stromschnellen und Aussichtspunkte.
- Petrolina, angenehme Stadt mit guter Infrastruktur: Verbindung zwischen Bahia und Piauí (Gebirge Capivara).

# ALAGOAS

Das Bundesland Alagoas grenzt nördlich an Pernambuco und südlich an Bahia und Sergipe, wobei es sich durch den Fluss São Francisco auszeichnet. Sein Relief charakterisiert sich durch hohe Landstriche im Norden, zentrales Tiefland und mit Seen vermischtes Flachland im Küstengebiet. Das feuchtwarme Klima des Küstengebietes ist milder in den höhergelegenen Bereichen und halbtrocken im Caatinga, welches einen Teil des Territoriums abdeckt.

Die Fläche, welche das Bundesland Alagoas bildet, war Teil der Statthalterschaft von Pernambuco. Anfangs des XVI. Jahrhunderts wurde das Gebiet von den Franzosen und ein Jahrhundert später von den Holländern besetzt. Die Besetzung des Landesinneren setzte nach Entlarvung des Quilombo dos Palmares ein. Einem Ort, an den die rebellierten Sklaven hinflüchteten. Um 1817, als die Baumwollkultur an Bedeutung zunahm, wurde Alagoas von der Statthalterschaft Pernambucos unabhängig.

Alagoas stellt unter den nördlichen Bundesländern jenes mit der größten Bevölkerungsdichte dar, wobei 60% der Bevölkerung in den städtischen Gebieten angesiedelt sind. Derzeit dreht sich die Wirtschaft Alagoas um die landwirtschaftlichen Industriezweige von Zucker und Alkohol, der Petroleumgewinnung sowie dem Gewinnung von Steinsalz und natürlichem Gas. In den letzten Jahrzehnten wuchs das Land außerdem zu einem ausdrucksstarken touristischen Zentrum heran.

Alagoas zieht besonders der Schönheit seiner Strande wegen, unter welchen sich jene der Hauptstadt Maceió und Pajuçara herausheben, von Mal zu Mal mehr Touristen an. Ferner sollten auch die Strände Francês in Marechal Deodoro sowie die natürlichen Schwimmbecken und Riffe in Maragogi erwähnt werden. Einem Ort, an welchem der zweitgrößte Hotelpark des Bundeslandes entstand, welcher mittels Charterflügen touristischen Zustrom fand.

An der Flussmündung des São Francisco, dem Pontal da Barra, stößt man auf ein reiches Ökosystem von Watts, Dünen und Kokospalmen. Der Strand Peba, Laichplatz der Meeresschildkröten sowie der Strand Pariqueira, an welchem es ein Schutzgebiet für Seekühe, einer vom Aussterben bedrohten Spezies, gibt, sind Ziel des Naturschützer.

Der Ökotourismus ist eine Möglichkeit die touristische Nachfrage im Bundesland zu diversifizieren, welches sein kulturelles und natürliches Erbe bewahrte und für ein unterhaltendes Modell des Tourismus bereitsteht.

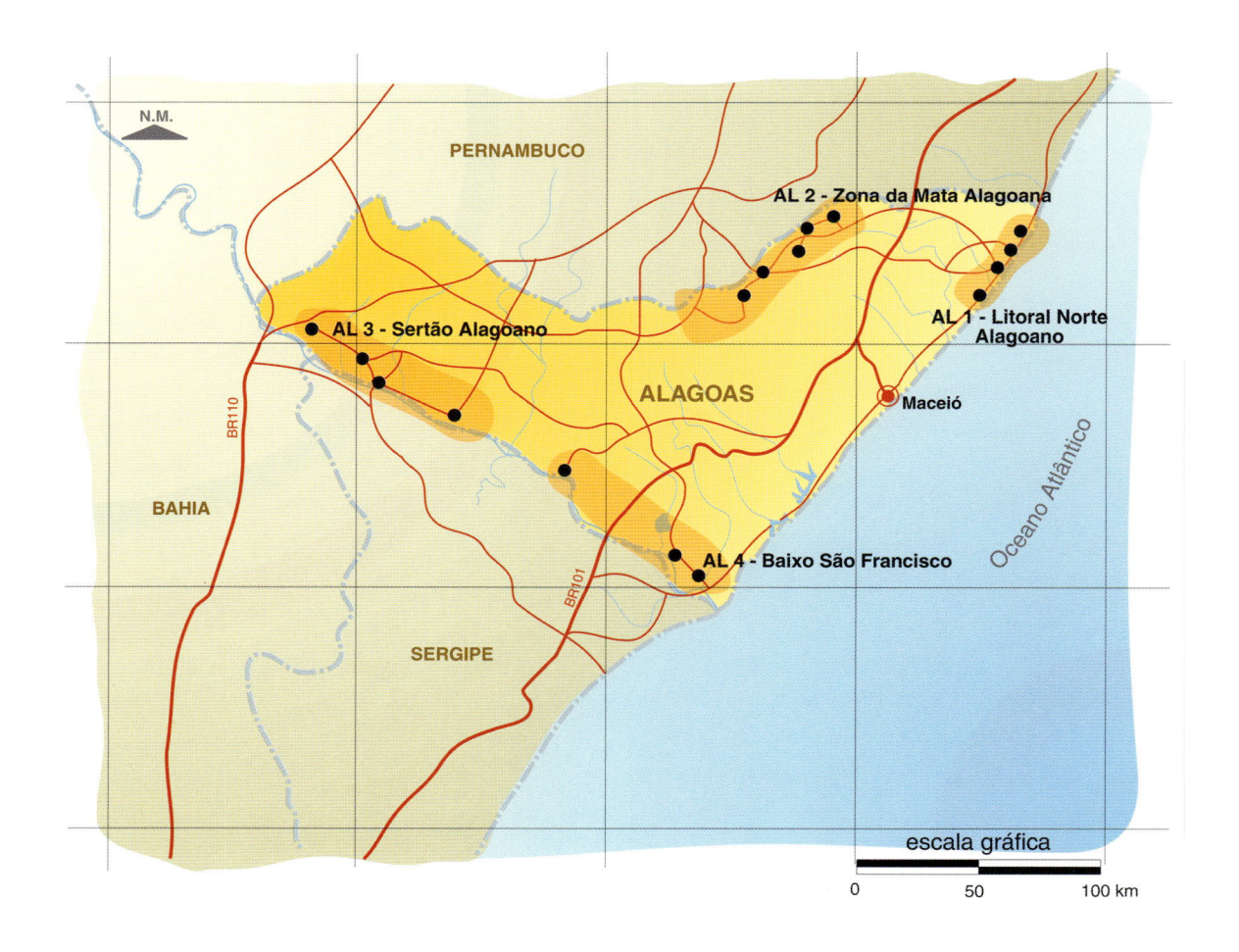

## AL 1 - Pólo do Litoral Norte Alagoano
**(Zentrum nördliches Küstengebiet von Alagoa)**

*formende Gebiete*
Maragogi, Japaraitinga, Porto de Pedras und São Miguel dos Milagres.

*Physiognomie*
- Küstenbereich mit ausgedehntem Riffstreifen, klarem Wasser und natürlich geformter Schwimmbecken (sogenannte Galés). Mit Regenwald bedeckte Gebiete beherbergen verschiedene Tier- und Pflanzenspezies. Viele Flüsse sowie eine große Anzahl an Süßwasserseen verschiedener Größen liegen in Küstennähe.

*Besonderheiten*
- Strände mit geringem Wellengang sowie natürlich geformten Schwimmbecken, Stellen zum Oberflächentauchen und Beobachtung der Meeresfauna.
- Unzählige Flüsse mit Wasserfällen und Inseln sowie von Bergen umgebenen Süßwasserseen.
- Waldpfade für die Beobachtung von Flora und Fauna.
- Besucherzentrum des Projektes Seekuh.

## AL 2 - Pólo da Zona da Mata Alagoana
**(Zentrum Waldgebiet von Alagoas)**

*formende Gebiete*
Ibateguara, São José da Laje, União dos Palmares, Chã Preta und Quebrângulo.

*Physiognomie*
- Es ist die Waldzone von Alagoas, welche sich durch hochgelegene Landflächen kennzeichnet und mit wilden Vegetationsformen sowie historischen Orten bedeckt ist. Im Gebirge Barriga, in União dos Palmares, befand sich das bedeutende „Quilombo dos Palmares". Fläche mit intensivem Zuckerrohranbau, Fazendas und antiken Zuckerrohrmühlen.

*Besonderheiten*
- Von Regenwald bedeckte Gebirge, mit natürlichen Plattformen zur Ausübung vom Drachenfliegen und Gleitfliegen.
- Traditionellen Fazendas mit antiken Zuckerröhrmühlen, welche sich noch in Betrieb befinden.
- Historische Städte: União dos Palmares; Quebrângulo – Museen der Indios und Graciliano Ramos.
- Volksfeste.

## AL 3 - Pólo do Sertão Alagoano
**(Zentrum Landesinnere von Alagoa)**

*formende Gebiete*
Delmiro Gouveia, Olho d'Água do Casado, Piranhas und Pão de Açúcar.

*Physiognomie*
- Die eigentliche Landschaft, welche in der Zeit von Lampion durch halbtrockene Dürreregion gekennzeichnet war, wurde für die Errichtung der Staudämme zur Energiegewinnung in den Wasserkraftwerken entlang des São Francisco verändert und ist inzwischen als Seenregion bekannt. Flussstrände, Wasserfälle und Canons, welche von Caatinga - Vegetation und historischen Orten umgebeben sind.

*Besonderheiten*
- Flussstrände des São Francisco.
- Felswände.
- Archäologische Fundstellen.
- Historische Erben: in Piranhas befindet sich das Landesmuseum oder auch Cangaço - Museum; in Delmiro Gouveia gelangt man ins Eisenbahnmuseen und an Ruinen der ältesten Zuckerrohrmühle am São Francisco.
- Wasserkraftwerk Xingó.

## AL 4 - Pólo do Baixo São Francisco
**(Zentrum Baixo São Francisco)**

*formende Gebiete*
Penedo, Traipu und Piaçabuçu.

*Physiognomie*
- Es stellt die Region der Flussmündung des São Francisco dar, in welcher die Landflächen in zunehmenden Maße tiefer liegen. Je näher Richtung Meer gelangend weist diese eine typische Vegetation von noch gut erhaltenen Wiesenflächen auf. Die Bewohner entnehmen der Natur lediglich die zum Leben erforderlichen Rekurse. Im Bereich der Flussmündung befinden sich von Dünen umgebene Strände und Inseln, welche eine wunderschöne Landschaft bilden. Penedo, welches im XVII. Jahrhundert errichtet wurde, stellt ein gutes Beispiel einer Kolonialstadt dar.

*Besonderheiten*
- Fluss São Francisco – Flussrundfahrten, an denen man an Orten wie den Ruinen der Festung Maurício de Nassau vorbeigelangt, Plätze zum Tauchen (natürlich geformten Schwimmbecken), Angeln und Dünen – Pontal do Peba.
- Historische Stadt Penedo – Kolonialhäuser, Kirchen und Klöster.
- Kunsthandwerk aus Lehm.

GILVAN BARRETO

BRUNO ALVES

STEFAN KOLUMBAN

SILVESTRE SILVA

# ALAGOAS

diese Seite: Mole von Juquiá und Maceió

andere Seite: Küstengebiet bei Alagoas

diese Seite: Mündung des Rio São Francisco und Gemeinde São Cristovão

andere Seite: Dünen bei Mangue Seco (Bahia) und Strand Pirambu

**SERGIPE**

# SERGIPE

Sergipe, des kleinste Bundesland Brasiliens, entspricht einer Fläche von 0,25% des gesamten nationalen Territoriums und befindet sich südlich von Alagoas und nordöstlich von Bahia gelegen. Seine Küste kennzeichnet sich durch eine große Flachlandregion mit Wiesenflächen, Flüssen, und Regenwaldstreifen. Der überwiegende Teil im Landesinneren zeichnet sich durch flache Gebirgsregionen mit typischer Caatinga - Vegetation aus.

Das warme Klima ist feucht im Küstengebiet und halbtrocken im Landesinneren.

Das Territorium von Sergipe wurde in der zweiten Hälfte des XVI. Jahrhunderts besiedelt, nach einer Reihe an Kämpfen zwischen Kolonisten und Einheimischen. Der anfängliche Grund für die Kolonisation war dem Beispiel mehrerer nordöstlicher Statthalterschaften folgend, die Aktivitäten der französischen Seeräuberschiffe einzudämmen sowie die Indios zu bekehren.

Die erste wirtschaftliche Aktivität der Region war die Viehzucht, welche sich entwickelte um den Markt aus Bahia abzudecken. Ab 1602, als sich im Tal Cotinguiba die Zuckerrohrmühlen und die Zuckerrohrplantagen entwickelten, setzte ein Bevölkerungsanstieg ein. Die Kultivierung des Zuckerrohrs wurde von den Holländern überwacht, welche jedoch um 1645 wieder vertrieben werden konnten.

Dank der schwarzen Tonerde, eines fruchtbaren und an Mineralreserven reichen Bodens, wie Steinsalz und Potthassium, konnte in den Zuckerrohrplantagen von Sergipe eine hohe Produktivität aufrechterhalten werden, wodurch sich das Land seinen Platz am internationalen Markt sichern konnte und das auch noch nach der Vertreibung der Eindringlinge. An die Statthalterschaft von Bahia de Todos os Santos angegliedert, entwickelte es Tabak-, Baumwoll- und Maniokplantagen. Seine Hauptstadt war 265 Jahre lang von São Cristovão, welches inzwischen als eines der repräsentativsten Beispiele einer Kolonialstadt angesehen und zum nationalen Monument erklärt wurde. Um 1855 bekam die Provinz mit Santo Antônio do Aracaju eine neue Hauptstadt. Dies stellt eine der ersten entworfenen Städte Brasiliens dar. Sich den besten Hafenkonditionen bedienend, konnte die Zuckerverladung nach Europa erleichtert werden, welche in Laranjeiras eine ihrer größten Produktionszentren hatte. Das städtische Bild von Aracaju forderte die städtearchitektonische Kapazität der Epoche heraus, da dessen Lokalisierung sich in einer von Sumpfgebieten und Moorrast dominierten Region befand. Die neue Hauptstadt setzte im Jahre 1884 auch der industriellen Entwicklungsphase ihren Anlauf, als die erste Textilfabrik ins Leben gerufen wurde.

Um 1820 verlieh D. João der VI. Sergipe die Autonomie, was zu Revolten und Kämpfen mit dem Volk von Bahia führte. Erst nach 1822, bestätigte der Imperator D. Pedro der I. die Unabhängigkeit von Sergipe.

Mit lediglich 22.000 km2 sowie einer Bevölkerung von etwas mehr als 1,5 Millionen Bewohnern verkörpert das Zuckerrohr in Sergipe weiterhin die bedeutendste wirtschaftliche Aktivität. Derzeit begrenzen sich die industriellen Aktivitäten auf die Bereiche der Textilindustrie, Lebensmittelproduktion und dem Veredlung landwirtschaftlicher Produkte und Leder. Das Bundesland rechnet mit einem großem Energiepotenzial, welches durch das Wasserkraftwerk Xingó und die Exploration von Petroleum und Gas verkörpert wird.

Was den Tourismus betrifft, so wird dieser bereits seit 1977 mit der Gründung des Unternehmens für Tourismus aus Sergipe auf professionelle Weise exploriert. Aracaju begann über Hotels hohen Standards zu verfügen und es wurden Straßen eingegliedert um den Zugang zu den Stränden der südlichen und nördlichen Küstengebiete zu erleichtern. Der Flughafen wurde mit dem Objektiv erweitert nationale und internationale Charterflüge empfangen zu können.

## Sergipe

N.M.

ALAGOAS

BAHIA

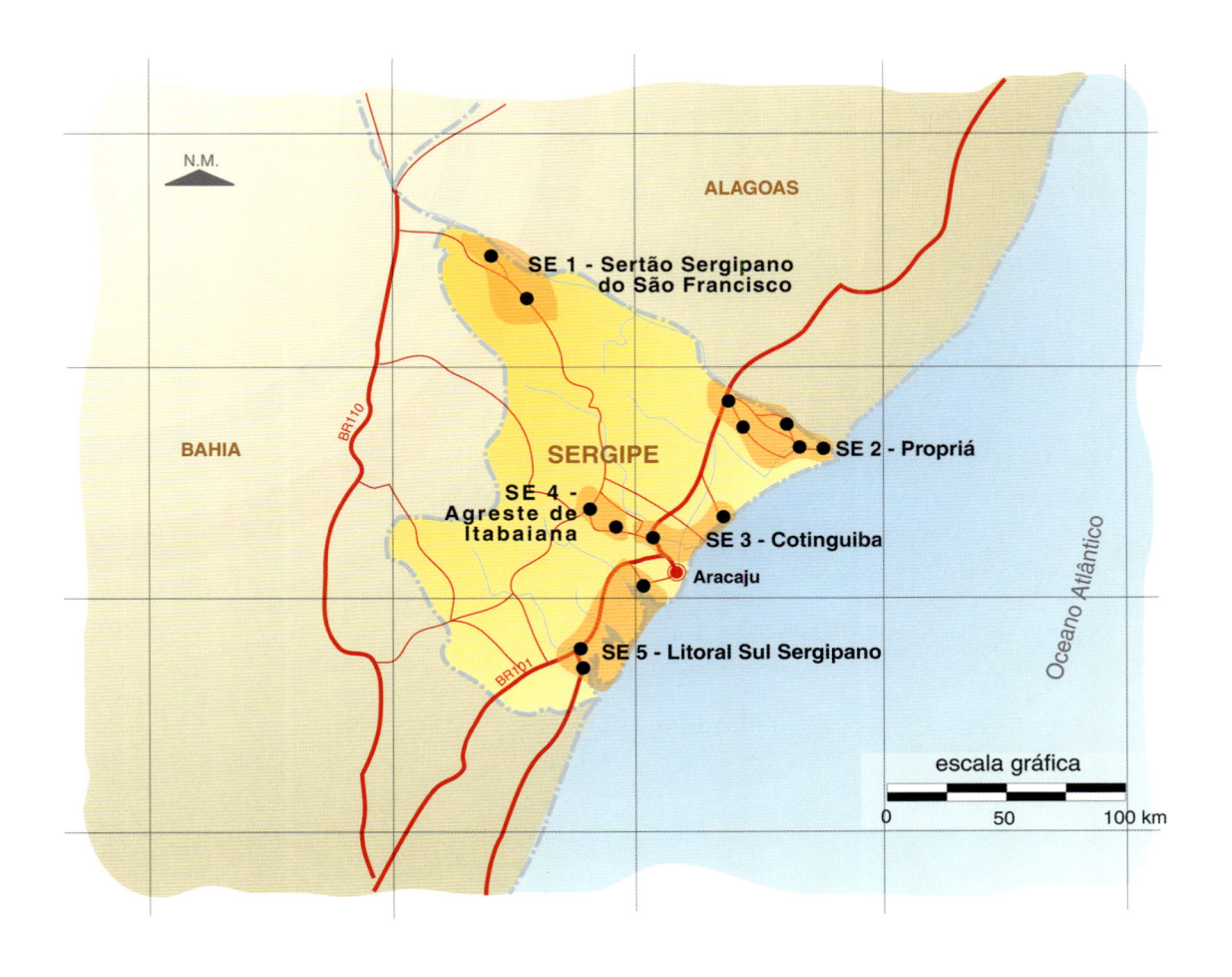

SERGIPE

SE 1 - Sertão Sergipano do São Francisco

SE 2 - Propriá

SE 4 - Agreste de Itabaiana

SE 3 - Cotinguiba

Aracaju

SE 5 - Litoral Sul Sergipano

BR110

BR101

Oceano Atlântico

escala gráfica
0   50   100 km

## SE 1 - Pólo do Sertão Sergipano do São Francisco
**(Zentrum des Landesinneren von Sergipe bei São Francisco)**

*formende Gebiete*
Canindé de São Francisco und Poço Redondo.

*Physiognomie*
- Halbtrockenes Dürregebiet aus Sergipe, das sich durch ein geschwungenes Relief kennzeichnet. Es verfügt über ein reiches Gebirge mit großen Granitblöcken und tief in den Fels geschnittenen Canons; über mehrere Kilometer verläuft der Fluss eingeengt und ruhig entlang. An anderen Stellen erscheinen Flussstrände und -inseln. In der naheliegenden Umgebung der Staudämme stößt man auf mehrere Seen und an deren Nebenflüssen ist die Präsenz von Wasserfällen häufig.
- Typische Caatinga - Vegetation, die Wasserfülle an den Fluss- und Seeufern eignet sich jedoch ideal für Vögel, unter denen sich Tausende von Schmuckreihern befinden, die sich in der Paarungszeit dahin begeben.
- In der Region wurden viele archäologische Fundstellen entdeckt, vor allem durch den Bau des Wasserkraftwerks Xingó, was eines des größten und modernsten der Welt verkörpert.
- Die Region bewahrt Beweise aus dem Leben der Bande von Lampião.

*Besonderheiten*
- Strände, Inseln, Seen und Wasserfälle.
- Canons, welche von unterschiedlich großen Schiffen durchlaufen werden können.
- Ninhal das Garças.
- Archäologische Fundstellen mit Keramikausgrabungen und primitiven Malereien von vor mehr als 3.000 Jahren.
- See Xingó mit transparentem Wasser, geeignet zur Ausübung von Wassersportarten.
- Grotte der Fazenda Angicok in welcher sich Lampião und Maria Bonita aufhielten.
- Echo – Museum, im Xingó - Parkhotel.

## SE 2 - Pólo Propriá
**(Zentrum Propriá)**

*formende Gebiete*
Brejo Grande, Insel Flores, Neópolis, Japoatã und Propriá.

*Physiognomie*
- Das gesamte Zentrum wird durch den Fluss São Francisco durchlaufen, welcher sich an der Grenze zu Alagoas in den Atlantik ergießt und an seiner Flussmündung eine große Fluss-/Meeresinsel bildet. Eines der wichtigsten Aspekte der Region sind die Flussinseln, von denen einige noch recht unberührt sind. In Mündungsnähe weisen Watts ihre charakteristische Vegetationsform auf, in welcher sich eine abwechslungsreiche Fauna befindet. Es gibt zahlreiche Fischerdörfer sowie historische Fundstellen.

*Besonderheiten*
- Gut erhaltene Strände und Dünen.
- Einheimische Fauna.
- Bootsrundfahrten, Angeln, Inseln.
- Märkte und religiöse Feierlichkeiten.

## SE 3 - Pólo do Cotinguiba
**(Zentrum Cotinguiba)**

*formende Gebiete*
Pirambu und Laranjeiras.

*Physiognomie*
- Küstenregion, reich an Dünen, Seen und gut erhaltenen Landflächen des Regenwaldes. Pinimbu ist ein sehr belebtes Fischerzentrum und größter Krabbenproduzent von Sergipe.
- Die historische Stadt Laranjeiras stellt einen wichtigen Beweis des Reichtums der Heeren des Zuckerrohrgeschäfts und dem Sklavenhandel dar und verfügt über Häuser und Straßen aus dem XVIII. Jahrhundert sowie mehreren Jesuitenkirchen.
- Große Anzahl an Folkloregruppen, welche lediglich an diesem Ort des Landes anzutreffen sind.

*Besonderheiten*
- Strände mit Wasserfällen und Dünen.
- Stützpunkt des Projektes Tamar.
- Archäologische Fundstelle der Fazenda Arapiraca mit Ausgrabungen von Knochenresten prähistorischer Tiere.
- Kirchen, Herrenhäuser und Museen der Stadt Laranjeiras.
- Kultureller Treffpunkt der Folklore (im Januar).
- Grotte Pedra Furada – Jesuitenunterschlupf während der Angriffe der Holländer.
- Biologisches Reservat Santa Isabel.

## SE 4 - Pólo do Agreste de Itabaiana
**(Zentrum Agreste de Itabaiana)**

*formende Gebiete*
Areia Branca und Itabaiana.

*Physiognomie*
- Gebirgsregion, bedeckt mit Regenwaldvegetation, reicher Fauna, Wasserfällen und natürlichen Brunnen. Areia Branca gilt als Hauptstadt des Forró. In Itabaiana besteht ein gut entwickelter Goldhandel.

*Besonderheiten*
- Waldpfade.
- Campingplätze und Plattformen zur Ausübung von Drachenfliegen.
- Natürliche Brunnen und Wasserfälle zum Baden.
- Ökologisches Reservat des Gebirges Itabaiana.

## SE 5- Pólo do Litoral Sul Sergipano
**(Zentrum südliches Küstengebiet von Sergipe)**

*formende Gebiete*
São Cristóvão, Estância und Santa Luzia do Itanhy.

*Physiognomie*
- Küstengebiet, reich an Stränden mit warmen Wasser, ohne Steine oder Riffe und umgeben von Dünen, Watts und Regenwaldgebieten. Mehrere Flüsse münden in dieses Küstengebiet, welches ein typisches unterbrochenes Aussehen besitzt.

*Besonderheiten*
- Gut bewahrte Strände und Wälder.
- Stadt São Cristóvão, viertälteste Stadt Brasiliens, erste Hauptstadt des Bundeslandes und inzwischen zum nationalen Monument und kulturellem Erbe der Menschheit ernannt. Im architektonischen Zusammenspiel des Platzes São Francisco treffen sich Kirchen, Klöster, Museen mit alten Häusern.
- Volksfeste.
- Ökologisches Reservat Castro.

# BAHIA

Das Bundesland Bahia grenzt nördlich an Piauí und Pernambuco, nordöstlich an Alagoas und Sergipe, östlich an den atlantischen Ozean, westlich an Goiás und südlich an Minas Gerais und Espírito Santo. Ein ausgedehntes Küstenflachland begleitet die Küstenlinie, welche mit ihren 932 km Länge die längste aller brasilianischen Bundesländer darstellt. Die zentrale Region kennzeichnet sich durch Hochebenen, Norden und Westen sind vom Tiefland geprägt.

Als Ankunftsort der Portugiesen in Brasilien am 22. April 1500 begann Bahia im Jahre 1534 besiedelt zu werden. Tomé de Souza, erster Gouverneur der Kolonie, gründete um 1549 Salvador, welche die erste Hauptstadt Brasiliens war. Diese Stellung behielt sie bis 1763, als die Verwaltungshauptstadt der starken Entwicklung des Bergbaus wegen nach Rio de Janeiro verlegt wurde. Rio stellte einen natürlichen Hafen zum Transport von Metallen in die Metropole dar.

Im XVII. Jahrhundert wurde Bahia von Engländern und Franzosen angegriffen und besetzt. Die Eindringlinge wurden jedoch kurze Zeit später durch die Portugiesen wieder vertrieben. Die Kolonisation fand an den Randgebieten des größten Teils des brasilianischen Nordostens statt, wobei sie den Zuckerrohranbau als wirtschaftliche Grundlage hatte, welcher unter Anwendung der Sklavenarbeit zum Export kultiviert wurde. Die Mischung von Portugiesen, Indios und einige Zeit später den aus Afrika stammenden versklavten Farbigen bildete das erste Embryo der gemischten brasilianischen Gesellschaft.

Viertgrößtes Bundesland Brasiliens in Sachen Bevölkerungsanzahl, ist Bahia mit seinen mehr als 12 Millionen Einwohnern Anführer der nordöstlichen Wirtschaft. Seine Hauptstadt, Salvador, ist gleichzeitig auch die größte dieser Region.

Seit den 60-ziger Jahren erfuhr die Wirtschaft Bahias mit dem Wachstum der industriellen Aktivitäten sowie der Modernisierung des Handelsbereiches und der Dienstleistungen tiefgreifende Veränderungen. Der Modernisierungsprozess begann in den 50-ziger Jahren mit dem Bau des Wasserkraftwerkes Paulo Afonso sowie der Einweihung der Fernverkehrsstraße Rio-Bahia. Ab den 70-ziger Jahren gestaltete der Aufruf, welcher sich in den Merkmalen des tropischen Klimas, den natürlichen Schönheiten sowie dem wertvollen historischen und kulturellen Erbe Salvadors begründete, Bahia zu einem bedeutenden touristischen Anlaufpunkt des Nordosten, welcher durch den Zuwachs einer Struktur an Unterkunftsmöglichkeiten und erhöhter Kapazität des internationalen Flughafens von Salvador unterstützt wurde.

Von Salvador aus gelangen die touristischen Aktivitäten in weitere Regionen Bahias, vor allem an das Küstengebiet, wo die Erweiterung von Porto Seguro hervorzuheben ist.

Im Jahre 1992 nahm die Regierung von Bahia in Anerkennung der touristischen Aktivitäten zur Triebschraube wirtschaftlicher Entwicklung jene auch als planende Strategie für andere Regionen an: dem nördlichen Küstenbereich, Bahia de Todos os Santos und Baixo Sul.

Bahia birgt in sich eine große Vielfalt an natürlichen und kulturellen Attraktionen; bekannte Strände, wie jene in Porto Seguro, Ilhéus, Trancoso und Strand Forte; dem Nationalmeerespark Abrolhos im Süden, mit der größten Korallenvielfalt des Landes. In der zentralen Region hebt sich die Hochebene Diamantina heraus, mit ihren unzähligen Wasserfällen, Grotten und Kavernen; die Architektur von Salvador, voller Bauten der Kolonialzeit. Bahia ist auch durch die afrikanische Kultur gekennzeichnet, dessen Einwirkung sich besonders in den typischen regionalen Speisen, der Musik und ihrer unzähligen Rhythmen ausdrückt, welche Besucher aus aller Welt anlockt. Das vor allem während des Karnevals.

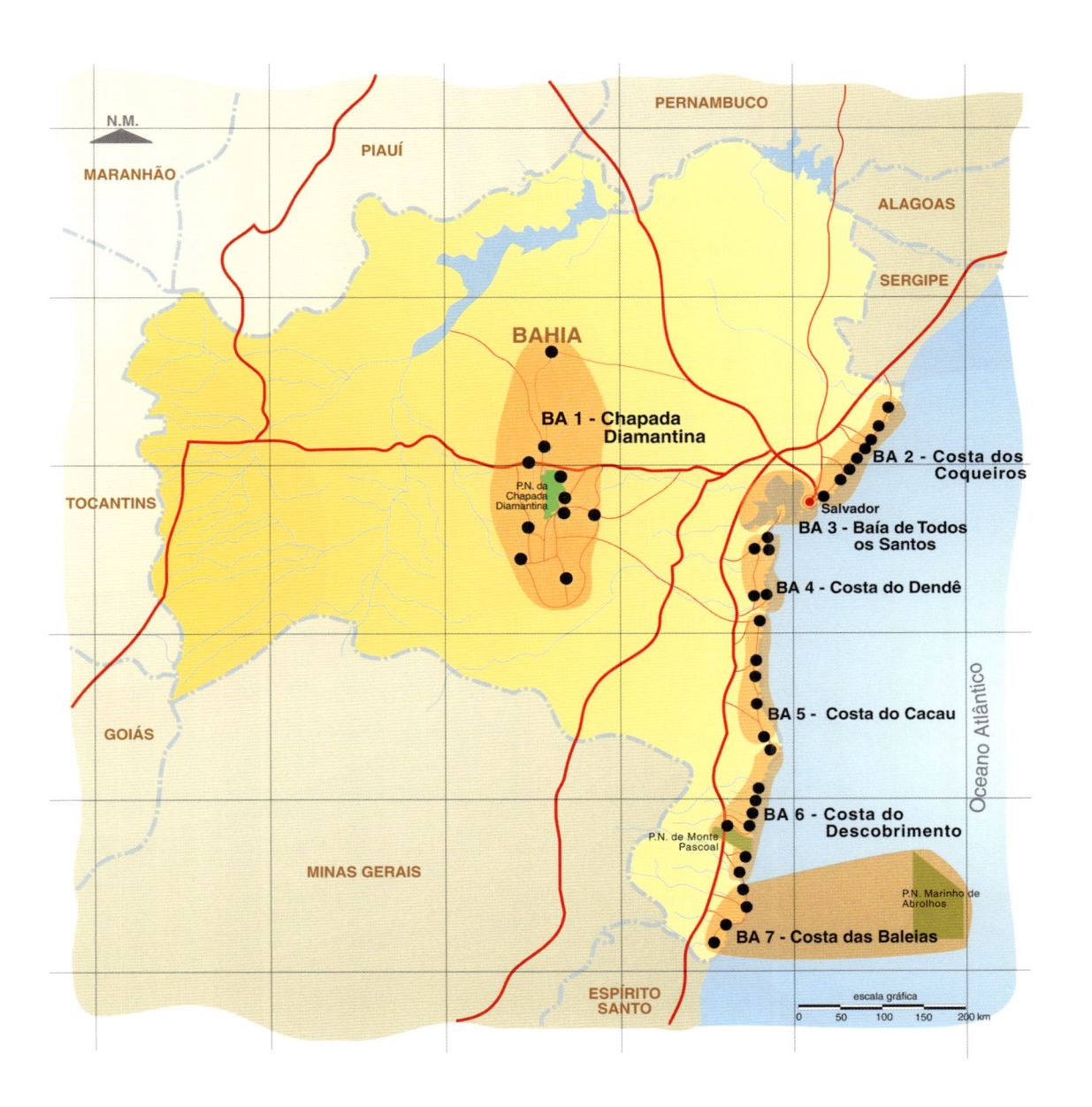

# BAHIA

- BA 1 - Chapada Diamantina
- BA 2 - Costa dos Coqueiros
- BA 3 - Baía de Todos os Santos
- BA 4 - Costa do Dendê
- BA 5 - Costa do Cacau
- BA 6 - Costa do Descobrimento
- BA 7 - Costa das Baleias

P.N. da Chapada Diamantina
P.N. de Monte Pascoal
P.N. Marinho de Abrolhos

Salvador

Oceano Atlântico

MARANHÃO
PIAUÍ
PERNAMBUCO
ALAGOAS
SERGIPE
TOCANTINS
GOIÁS
MINAS GERAIS
ESPÍRITO SANTO

N.M.

escala gráfica
0   50   100   150   200 km

*Bahia*

## BA 1 - Pólo Chapada Diamantina
**(Zentrum Plateau Diamantina)**

*formende Gebiete*

Lençóis, Andaraí, Mucugê, Rio de Contas, Iraquara, Piatã, Morro do Chapéu, Ituaçu, Seabra und Itaeté, abgesehen vom Nationalpark Chapada Diamantina, der APA Marimbus-Iraquara sowie der APA Serra do Barbado.

*Physiognomie*
- Befindet sich im Gebirge Sincorá. Die Topographie ist verschiedenartig und konzentriert die drei höchsten Punkte des Bundeslandes. Eine große Menge an Flüssen kristallinen Wassers fließt das Gebirge herunter indem es Wasserfälle, natürliche Brunnen und Schwimmbecken bildet. Der Wald vereint Kaktusspezies des Caatinga mit seltenen Exemplaren an Gebirgsvegetation, vor allem Neoregelyen, Orchideen und Strohblumen.
- Grotten und Kavernen sind im gesamten Zentrum präsent.

*Besonderheiten*
- Historische Städte, antike Minen.
- Wasserfälle.
- Flüsse, natürlich geformte Brunnen und Schwimmbecken.
- Grotten.
- Pfade und Lokale zum Klettern.
- Nationalpark Chapada Diamantina.
- Die Region gilt als bedeutendstes Zentrum für Ökotourismus im Bundesland Bahia. Die Region wurde im Prodetur verzeichnet.

## BA 2 - Pólo Costa dos Coqueiros
**(Zentrum Küste Coqueiros)**

*formende Gebiete*

Lauro de Freitas, Jauá, Arembepe, Barra do Jacuípe, Guarajuba, Itacimirim, Strand Forte, Açu da Torre, Imbassaí, Santo Antônio, Porto Sauípe, Massarandupió, Baixios, Subaúma, Sítio do Conde, Barra do Itariri, Siribinha, Costa Azul und Mangue Seco.

*Physiognomie*
- Küstengebiet mit Regenwaldüberresten sowie starker Präsenz an Kokospalmen, Dünen, Flüssen, Watts und Süßwasserseen. Die Gemeinden sind durch die Grüne Linie verbunden, welche sich entlang der nördlichen Küsten von Bahia erstreckt und bis Mangue Seco gelangt.

*Besonderheiten*
- Strände mit Dünen, Kokospflanzungen sowie natürlich geformten Schwimmbecken.
- Außenstelle des Projekts Tamar – Schutz der Meeresschildkröten.
- Flüsse mit Stromschnellen und Wasserfällen.
- Schloss Garcia d'Ávila.
- Fischersiedlungen.

## BA 3 - Pólo Baía de Todos os Santos
**(Zentrum Baía de Todos os Santos)**

*formende Gebiete*

Itaparica, Insel Maré, Madre de Deus, Insel Medo, Insel Frades, Insel Bimbarras, Insel Cajaíba, Insel Saraíba, Insel Cal, Insel Vacas, Matarandiba, Insel Fontes, Ponta dos Garcês und Parques de Salvador.

*Physiognomie*
- Das Zentrum weist Regenwaldflächen, Watts, viele wilde und geschützte Inseln inmitten eines sehr stark geprägten kulturellen Umfelds auf, welches durch seine Architektur, Feste und Bräuche geprägt wird. Es versteht sich als die größte befahrbare Bucht Brasiliens und als eines der beliebtesten Orte zur Ausübung von Wassersportarten aus ganz Amerika.

*Besonderheiten*
- Historisches und kulturelles Zentrum. Herrenhäuser, Kirchen, Museen, historische Straßenzüge, typische Speisen, Musik, Tänze, Capoeira, Volksfeste; Ereignisse.
- Festungen; Leuchttürme.
- Strände sowie Meeres- und Flussinseln.
- Parks: Costa Azul, Metropolitano de Pituaçu, Abaeté, Metropolitano de Pirajá sowie die Skulpturen aus dem Museum für modern Kunst von Bahia.

## BA 4 - Pólo Costa do Dendê
**(Zentrum Küste Dendê)**

*formende Gebiete*

Valença, Guaibim, Cairu, Morro de São Paulo, Gamboa, Garapuá, Boipeba, Camamu, Maraú, Barra Grande und Ituberá.

*Physiognomie*
- Küstengebiet, Berge, grün umsäumte Inseln, kristallines Wasser, Buchten, Korallenriffe und farbenreiche Faune, geeignete Orte zur Ausübung von Wassersportarten, Strandspaziergängen, Waldpfade.
- Die Flussmündung des Una in Deltaform ist mit 26 Inseln bestückt. Auf der Insel Tinharé befindet sich der Berg Morro de São Paulo.

*Besonderheiten*
- Morro de São Paulo, Insel Tinharé – Strände, Ruinen, natürlich geformte Schwimmbecken, Waldpfade, Leuchtturm und Schonerrundfahrten.
- Flussmündung des Una, Insel Cairu – historisches Zentrum, Kloster und Kirche Santo Antônio.
- Valença – historisches Erbe der Kolonialzeit, Wasserfälle, Flüsse und Wälder.
- Bucht Camamu – Strände, Berge und Bootsrundfahrten.

## BA 5 - Pólo Costa do Cacau
**(Zentrum Küste Cacau)**

*formende Gebiete*
Itacaré, Ilhéus, Olivença, Tororomba, Una und Canavieiras.

*Physiognomie*
- Dieses Zentrum weist buchstäbliche ökologische Heiligenstätten mit von Kokospalmen beschatteten Stränden sowie weitere Landschaften auf: Regenwald, Watts und Kakaoplantagen. In ihm trifft man auf die Naturschurzgebiete Itacaré/ Serra Grande sowie Lagoa Encantada in Ilhéus, dem biologischen Reservat Una und dem ökologischen Reservat Prainha in Itacaré. Ideale Orte zur Ausübung natürlicher Sportarten: Waldwege und –Pfade oder berittene Ausflüge am Strand entlang.

*Besonderheiten*
- Historisch kulturelles Erbe in Ilhéus – Kirchen, Klöster, Museen (Zeitzeugen der Kakaoepoche).
- Fazendas.
- Flüsse und Bootsrundfahrten.
- Strände, Bäder, Bootsrundfahrten und berittene Ausflüge.
- Wasserfälle.
- Lagoa Encantada – Wasserfälle.
- Wasser mit Heilwirkungen in Tororomba.
- Reservat Una – Pfad mitten durch den Wald.
- Projekt Löwenäffchen.

## BA 6 - Pólo Costa do Descobrimento
**(Zentrum Costa do Descobrimento)**

*formende Gebiete*
Belmonte, Santa Cruz Cabrália, Porto Seguro, Arraial d'Ajuda, Trancoso, Caraíva, Monte Pascoal, Ponta do Corumbau, Cumuruxatiba und Prado.

*Physiognomie*
- Über 150 km entlang Strände, welche von Flussmündungen, Steilküsten, Flüssen und Bächen abgelöst werden und von Kokospalmen, Watts und Regenwald umgeben sind. Nationalpark Monte Pascoal mit erhaltener Fauna und Flora. Historische Stätten, Siedlungen und kleine Städtchen mit typischen Bräuchen. Mehrere Naturschutzgebiete.

*Besonderheiten*
- Historische Fundstellen – Marco do Descobrimento, Coroa Vermelha (Santa Cruz Cabrália), Ruinen und Jesuitenkirchen.
- Strände, Kokospalmen, Seen, Orte für Spaziergänge, Tauchgänge und Nacktbaden (abgelegene Strände).
- Steilküsten.
- Bootsrundfahrten, Beobachtung der Meersfauna an Riffen.
- Fischersiedlungen und Präsenz indianischer Kultur.
- Nationalpark Monte Pascoal.

## BA 7 - Pólo Costa das Baleias
**(Zentrum Walküste)**

*formende Gebiete*
Abrolhos, Alcobaça, Caravelas, Nova Viçosa und Mucuri.

*Physiognomie*
- Der extreme Süden von Bahia ist gleichzeitig auch Anlaufpunkt zur Inselgruppe Abrolhos, welche 70 km von der Küste entfernt liegt und auf welcher sich der nationale Meerespark Abrolhos befindet, der bedeutendsten Attraktion dieses Zentrums. Zur Inselgruppe gehören die Vulkaninseln Santa Bárbara, Redonda, Sueste, Siriba und Guarita, welche von den größeren und seltener vorkommenden Korallenriffen des Südatlantiks umsäumt sind. Die Landvegetation ist dürftig, die Fauna jedoch durch die Buckelwale, Reptilien, Vögel, Fische und unzähligen Meeresspezies sehr gut vertreten. Es ist ein für Tauchgänge besonders gut Ort.
- Der Besuch wird ausschließlich anhand von Reiseagenturen bzw. der IBAMA dazu autorisierten Reiseführern ermöglicht. Diese Genehmigung kann in Caravelas und Alcobaça, den nahegelegenen Städten, welche über einige touristische Angebote verfügen, eingeholt werden.

*Besonderheiten*
- Nationaler Meerespark Abrolhos – Bootsrundfahrten, Tauchgänge, Beobachtung der Wale (im Juli und November), Vögel, Fische und wirbellosen Meerestiere.
- Strände.
- Inseln.
- Steilküsten.
- Watts.
- Bootsrundfahrten entlang der Flüsse und bis zur Insel Coroa Vermelha.
- Flussmündung des Mucuri.

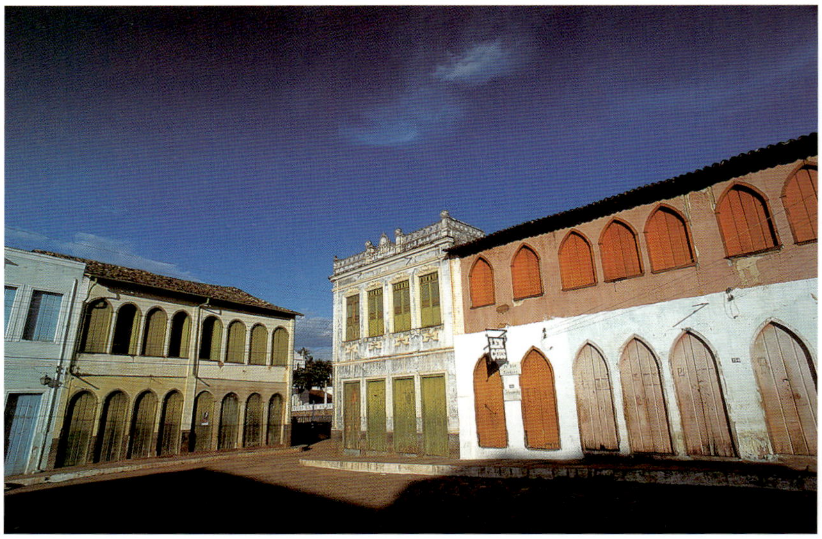

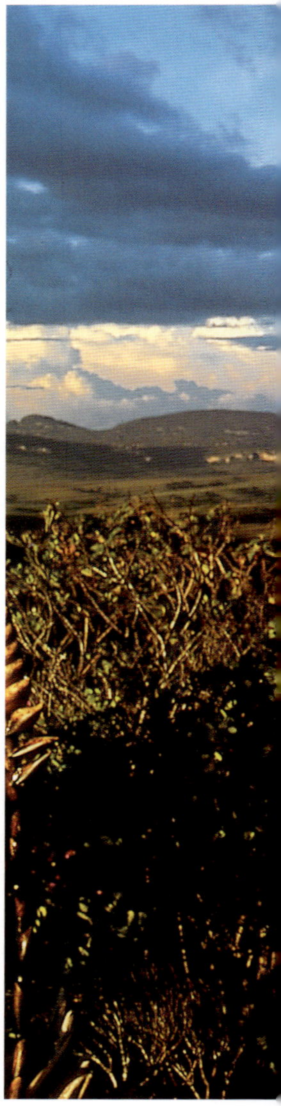

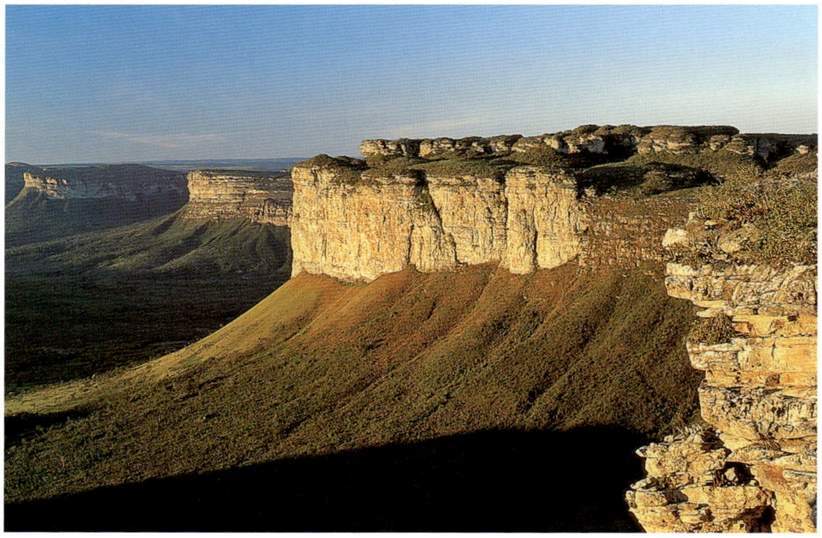

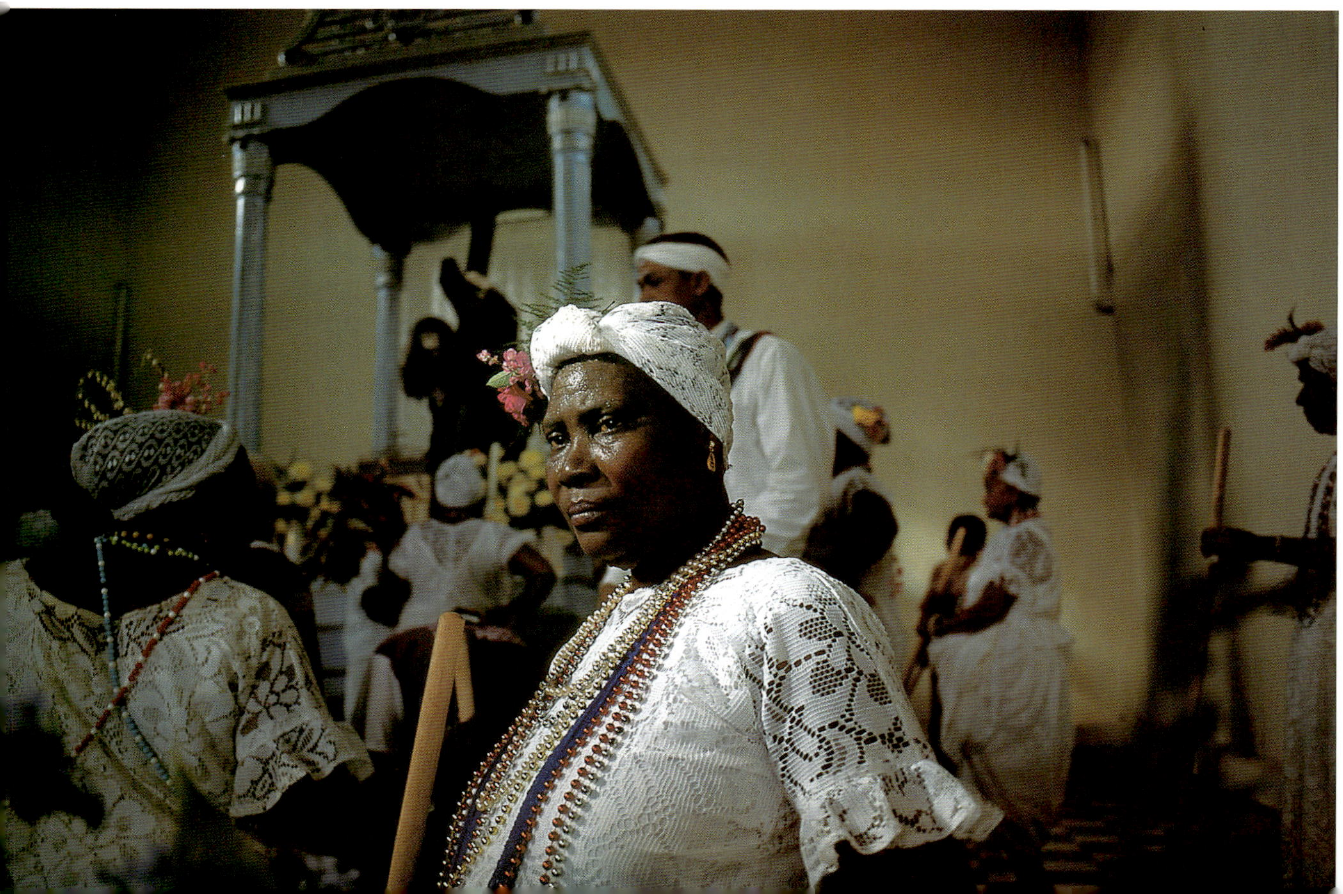

**BAHIA**

andere Seite: Stadt Lençóis, Gebirge Sincorá, Reinigung der Hauptkirche Nosso Senhor dos Passos in Lençóis

diese Seite: Gerais aus dem Rio Preto und Detail eines Markttabletts.

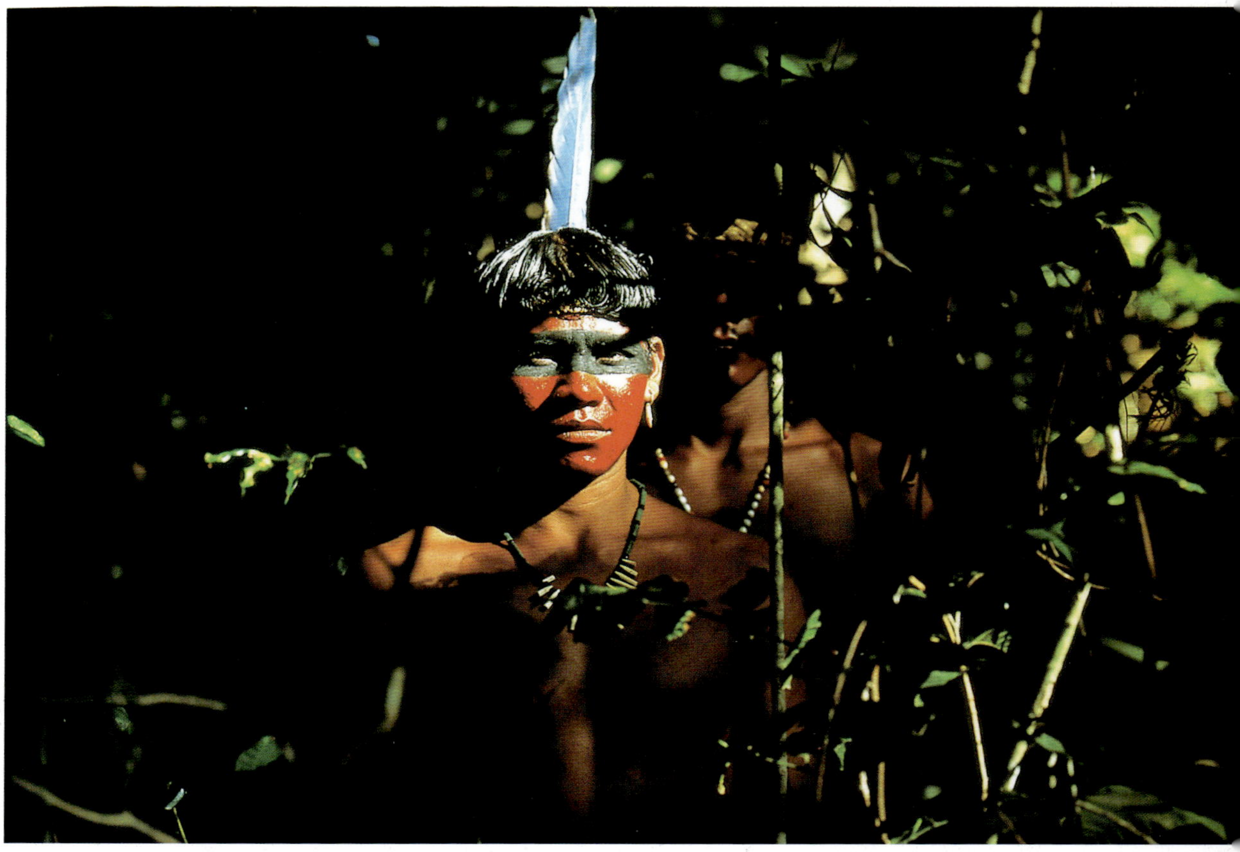

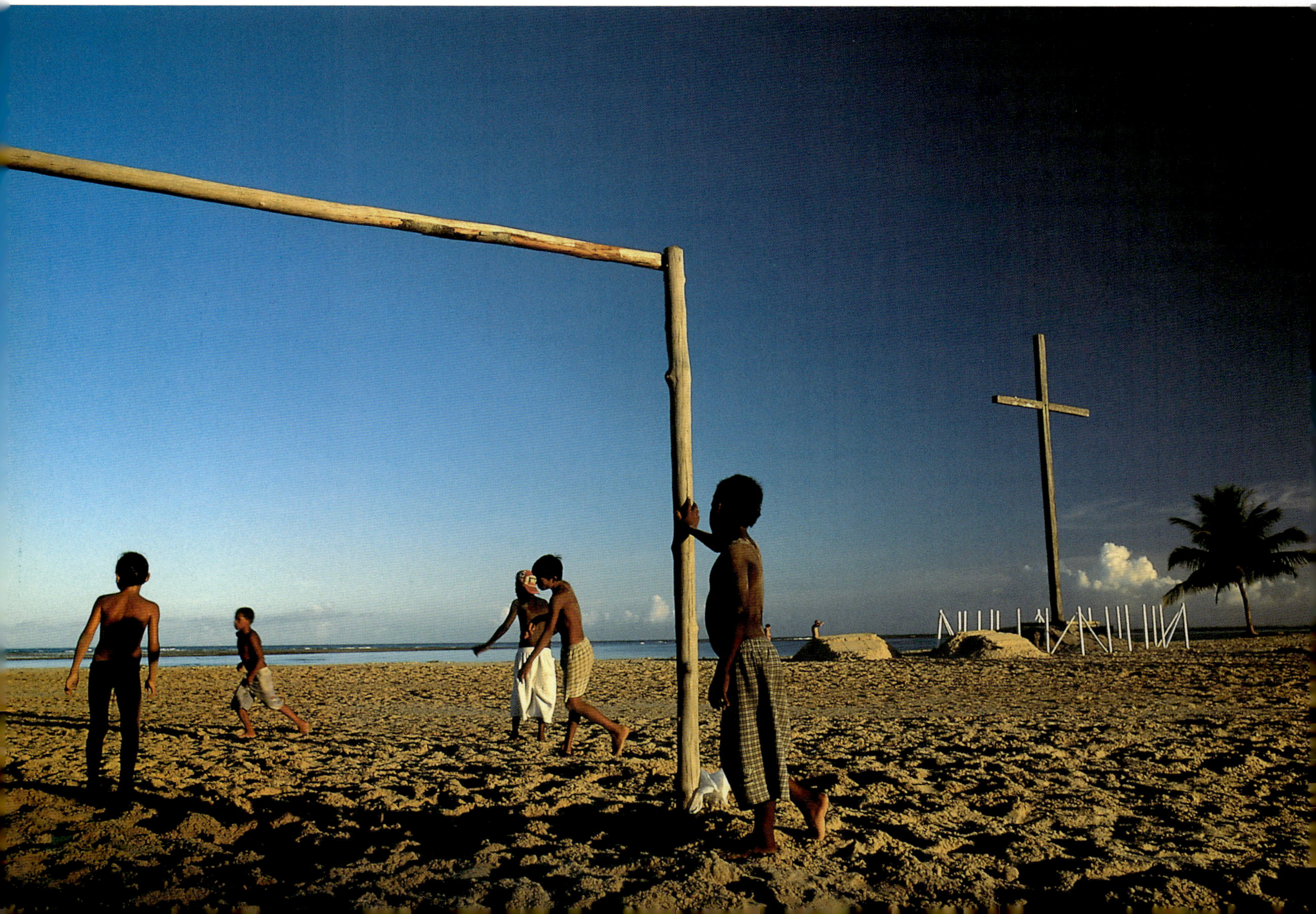

# BAHIA

andere Seite: Indios vom Stamm Pataxós und Kruzifix der ersten Messe, Santa Cruz Cabrália

diese Seite: Strand Sauípe, Strand Boipeba und Brauntölpel auf Abrolhos.

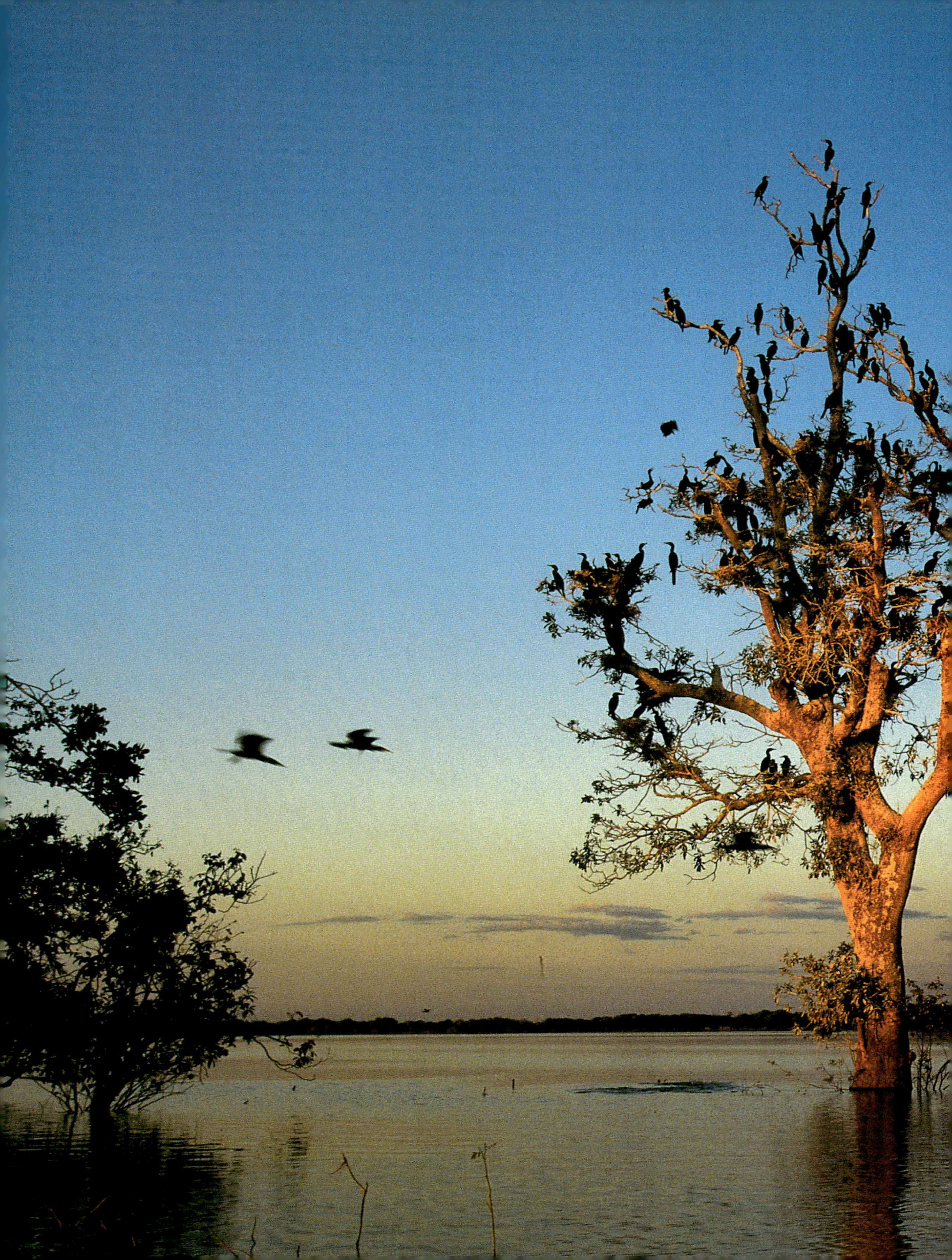

*region* ZENTRALWESTEN

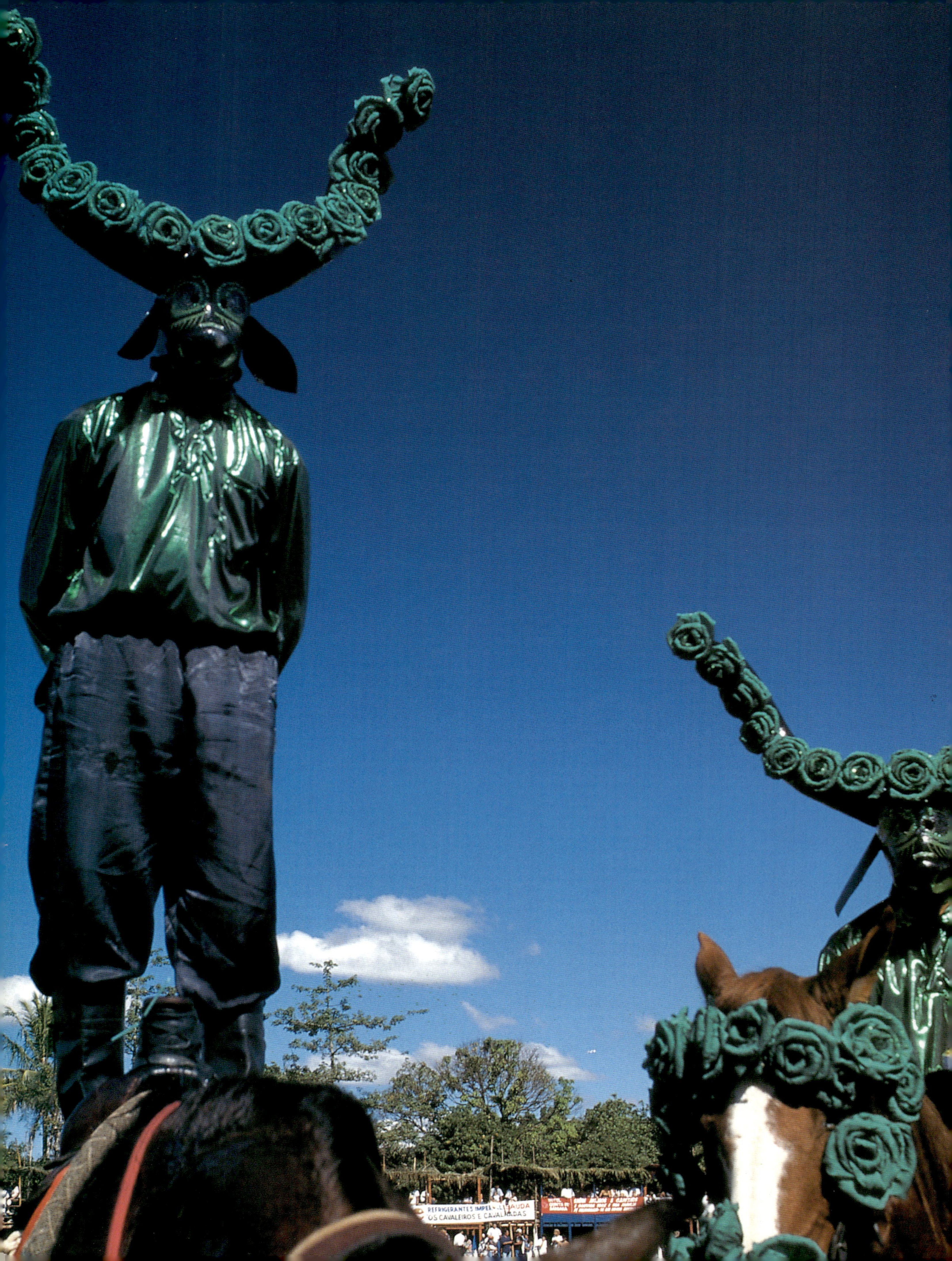
REFRIGERANTES
SAUDA
OS CAVALEIROS E

Durch die Bundesländer Goiás, Mato Grosso, Mato Grosso do Sul sowie dem Bundesdistrikt gebildet, hebt sich die zentralwestliche Region mit ihren 1.607.000,5 km2 Oberfläche als eine der landesweit größten heraus. Sie stellt quase 20% des Nationalterritoriums, man stößt jedoch geringste Bevölkerungsdichte unseres Landes. In der zentralen Landfläche von Südamerika gelegen, der zentralen Hochebene Brasiliens, bildet sie die einzigste unserer Regionen, welche über kein eigenes Küstengebiet verfügt.

Was die physischen Aspekte ihres Territoriums, Relief, Klima, Vegetation, Wirtschaft, Bevölkerung sowie Entwicklungsstadien anbetrifft, so charakterisiert sie sich dadurch ein evidentes und ausgeglichenes Verhältnis zwischen dem Süd - Südosten, dem Nordosten sowie dem Amazonasgebiet aufzuweisen.

Ihr Relief wird durch eine angemessene Skala morphologischer Formen mit der Prägdominanz weiträumiger und geebneter Oberflächen gekennzeichnet, welche sich durch Hochebenen und Tiefländern zusammensetzen. Von mehreren Gebirgen, Hochebenen, geschwungenen Oberflächenformen sowie ausgedehntem Flachland gekennzeichnet, beherbergt es eine an Flüssen, Seen, Felswänden und Höhlen reiche Landschaft, welche sich derzeit als Ort intensiver erweisen. Unter den am meistbesuchtesten Orten heben sich die Pantanalgebiete von Mato Grosso und Bananal, die Hochebenen von Mato Grosso und Goiás sowie das Gebirge von Bodoquena heraus. Die regionale Hydrographie weist spezielle Merkmale auf, da sie die Wasserdivisoren Amazonas – Prata sowie São Francisco – Tocantins beherbergt. Diese bergen Wasserverläufe großen Volumens, welche ihrer natürlichen Schönheit sowie dem Potenzial für den Angelsport wegen von großer Wichtigkeit sind. Dabei heben sich die Flüsse Paraguay, Paranaíba, Araguaia, Xingu sowie deren unzähligen Nebenflüsse heraus.

Ein großer Teil des Zentralwestens charakterisiert sich durch sein heißes und feuchtwarmes Klima der Gebirgsregion sowie einer stabilisierten jährlichen Verteilung an Regenfällen, wodurch zwei Jahreszeiten klar festgelegt werden können: einer trockenen in der Winter- und Frühlingshälfte sowie einer regnerischen in der Sommer- und Herbsthälfte. Im Norden von Mato Grosso stößt man auch auf das feuchte Klima des Amazonasurwaldes und im Süden von Mato Grosso do Sul auf das warme sowie feuchte Klima des tropischen Waldes, wodurch deren zwischen den Regionen wechselnde Charakteristik bekräftigt wird. Während der Winterperiode können aus dem Süden kommende Polarluftmassen plötzliche Temperaturfälle verursachen.

Die Gebirgsvegetation stellt einen der Aspekte dar, welche den Zentralwesten auf die beste Weise kennzeichnen. Sie zeigt sich in verschiedenartiger Form, abhängig von Präsenz und Dichte der Bäume, Sträucher sowie typischen Spezies auf Brachland, welche sich an Orten unterschiedlicher Höhenlage, Feuchtigkeitsgehalt sowie Bodenbeschaffung entwickeln.

Die Waldbestände, glatten Felder, überschwemmten Flächen sowie Ufergebiete der Flüsse und Seen des Zentralwestens, welche sich noch in einem gutbewahrten Zustand befinden, sind ideale Orte um die bezaubernde und vielfältige Fauna zu beherbergen, welche sich durch ihre leichte Art zu beobachten zu einer der großen Attraktionen des regionalen Ökotourismus herausgebildet hat.

Da in den großen Fazendas für Rinderzucht oder Pflanzungen heute auch Unterkunftsmöglichkeiten, Verpflegung sowie Begleitung für die Besucher bereitgestellt werden, erhalten die Touristen auf diese Weise Zugang zu Reisebeschreibungen, Aktivitäten und speziellen Informationen, welche ein faszinierendes und gastfreundliches Brasilien darstellen.

letzte Seite: Schwarm von Olivenscharben, Nationalpark Pantanal Matogrossense
andere Seite: Mascarados das cavalhadas (Folklorefestival) in Pirinópolis, Goiás

*region* ZENTRALWESTEN

# GOIÁS

Das Bundesland Goiás grenzt nördlich an Tocantins, nordöstlich an Bahia, westlich und südlich an Minas und Mato Grosso do Sul, südöstlich an Minas und westlich an Mato Grosso.

Im Jahre 1988 erlitt Goiás durch die Abteilung des heutigen Bundeslandes Tocantins eine 45%-ige Reduzierung seiner Fläche.

Sein Relief ist durch hochgelegene Landflächen der Hochebene gekennzeichnet, welche Höhenlagen von zwischen 500 bis 1.350 m aufweisen sowie kleineren Gebieten mit Höhenlagen zwischen 200 und 750 m, die durch die Tiefebene Araguaia/ Tocantins und das sedimentäre Flachland Bananal vertreten sind.

Die Buschsteppe stellt die überwiegende Vegetation dar und ist durch die intensive Land- und Viehwirtschaft stark verwittert. In einigen Bereichen wie etwa der Hochebene Veadeiros in Campos Gerais (Grenze zu Mato Grosso und Bahia) sowie São Miguel do Araguaia stößt man noch auf repräsentative unberührte Ökosysteme bezaubernder Schönheit.

Die wirtschaftlichen Aktivitäten in Goiás können in zwei Etappen aufgeteilt werden: die erste begann im XVII. Jahrhundert und wurde vom Bergbau sowie Rinderzucht geprägt. Dies in einem noch wilden, praktisch unbevölkerten Land. Kreuzritter aus São Paulo gründeten verschiedene Städte wie etwa Vila Boa und befanden sich in ständigen Kämpfen mit der einheimischen Bevölkerung. Als das Metall an den Flüssen seltener wurde, verließen Ströme an Abenteurern die Region und mit ihnen erlosch auch das luxuriöse Leben der Bewohner von Vila Boa. Es verblieb Goiás Velho, welches inzwischen zum historischen Erbe gehört und ein Stück Goiás aus dem XVIII. Jahrhundert verkörpert. Die Gesandten der Kreuzritter versprachen jedoch außer dem Gold auch die Eröffnung von Verkehrsverbindungen, welche den Süden von Goiás vor allem mit den Ländern Minas Gerais und São Paulo verknüpfen sollten. Nördlich des Landes begrenzte sich die Besetzung auf vereinzelte Flächen östlich des Flusses Tocantins, denn auf der gegenüberliegenden Uferseite lebten lediglich die gefährlichen Indios. Anfangs des XIX. Jahrhunderts waren weder Vieh- noch Landwirtschaft entwickelt und die wirtschaftliche Aktivität galt einzig und allein dem Eigenbedarf.

Jedoch gab ab Hälfte des XIX. Jahrhunderts die Ausdehnung der Kaffeeplantagen der Fluminenser und Paulistaner neuen Märkten ihren Ursprung. Im zentralen Süden von Goiás, einer enormen natürlichen Weidefläche, begann die Bevölkerung der angrenzenden Länder auf riesigen ländlichen Besitztümern mit der Zucht von Rinderherden. So entstanden einige städtische Zentren wie Catalão, Ipameri und Anápolis. Das Schienen- und Straßennetz von São Paulo und Minas erstreckte sich bis Anápolis und begleitete auf diese Weise die Entwicklung der Viehzucht.

Das Land begann damit seine Physiognomie zu verändern und im Jahre 1937 wurde der Umzug der Hauptstadt von Goiás Velho nach Goiânia, der entworfenen Stadt dekretiert. Jene stellte einen neuen wirtschaftlichen Pol sowie ausstrahlendes Zentrum für die zweite Etappe der wirtschaftlichen Entwicklung dar, welche sich in den Getreidekulturen sowie der Rinderzucht basierte.

Der Umzug der brasilianischen Hauptstadt sowie die Festigung des Bundesdistrikts im Jahre 1960 veränderten das Leben im zentralen Osten.

Viele neue Straßen wurden gebaut und mit ihnen kamen neue Industriezweige, städtische Zentren sowie touristische Pole.

Die Existenz von Nationalparks, historischen Stätten sowie natürlichen Gebieten großer szenischer Schönheit weisen im Bundesland Goiás auf eine vielversprechende, ökotouristische Entwicklung hin.

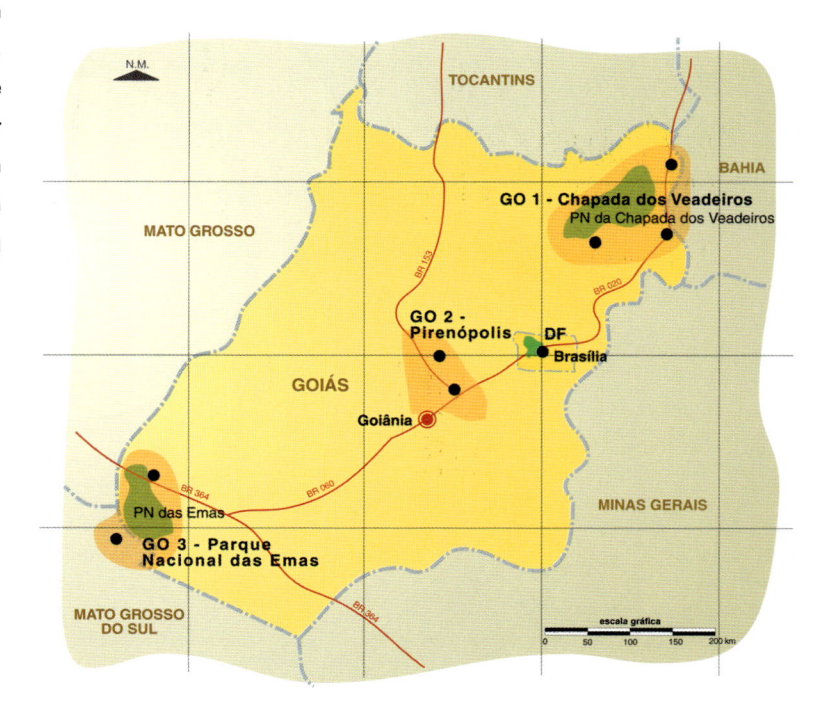

## GO 1 - Pólo Chapada dos Veadeiros
**(Zentrum Hochebene Veadeiros)**

*formende Gebiete*

Das Zentrum umfasst den Nationalpark Hochebene Veadeiros und dessen Umgebung, abgesehen der für die Höhlenkunde bedeutenden Gebiete in den Gemeinden São Domingos und Posse.

*Physiognomie*
- Sehr antike Landflächen, in welchen sich in Höhen von 1.000 m bis 1.650 m die am höchstgelegensten Punkte von Goiás befinden, inklusive der Gipfelpunkt in Cavalcante. Verschiedene Erosionsprozesse wirkten auf diese Gegend ein, was zu wunderschönen Felsbildungen wie Canons, Aussichtspunkten, Bergen und durch Wasserverläufe hervorgerufenen Gebirgseinschnitten führte, welche die Bildung unzähliger Wasserfälle und natürlich geformter Schwimmbecken zur Folge hatten. Typische Buschsteppenvegetation mit Galeriewäldern sowie Waldgruppierungen in den unteren Lagen der feuchten Täler. Auf den Höhen der Berge und Abhängen wachsen Pflanzen primitiven Brachlandes.

*Besonderheiten*
- Nationalpark Chapada dos Veadeiros:
- Wasserfälle, Flüsse und die überwältigende Schönheit der Landschaft.
- Mystisches Klima der Region; esoterischer Tourismus.
- Zum Baden geeignete Orte.
- Aussichtspunkte, Canons und Felswände.
- Begleitung durch spezialisierte Reiseführer.
- Besucherzentrum.
- Komplex São Domingos/ Posse:
- Wichtiger Komplex der Höhlenforschung: Grotten, Kavernen, unterirdische Flüsse und Schlunde.
- Wallfahrten im August – Leute, welche an die übernatürlichen Kräfte dieser Region glauben.

## GO 2 - Pólo Pirenópolis
**(Zentrum Pirenópolis)**

*formende Gebiete*

Gebirge Pirineus umfasst Corumbá de Goiás, Cocalzinho de Góias und Pirenópolis.

*Physiognomie*
- Bergige Region, welche seit Anfang des XVIII. Jahrhunderts belebt wird, was sich aus ihren alten Bauten inmitten der Vegetation schlussfolgern lässt, welche sich nicht immer durch einheimische Spezies zusammensetzt. Es liegt ein hügeliges Relief vor, welches durch unzählige Flüsse und zahlreiche Wasserfälle durchschnitten wird. Traditionsreiche Fazendas bewahren kennzeichnende Aspekte aus Viehwirtschaft und Bergbau, inklusive der Edelsteingewinnung. Typische Buschsteppenvegetation.

*Besonderheiten*
- Kolonialhäuser, Kirchen, Feste und Ausdrucksweisen aus der Folklore.
- Antike Fazendas, die den ökotouristischen Aktivitäten angepasst wurden.
- Zeitzeugen aus dem Leben der Sklaven, Kreuzritter und Minenarbeiter.
- Zuckerrohrmühlen und alte Bergstollen.
- Gebirge und Berge mit Gesteinsbildungen beeindruckender Formen.
- Kaverne Ecos mit unterirdischem See, dem größten Südamerikas.

## GO 3 - Pólo Parque das Emas
**(Zentrum Park Emas)**

*formende Gebiete*

Der Nationalpark Emas und dessen Umgebung, welche Costa Rica (MS), Mineiros und Serranópolis (GO) mit einbezieht.

*Physiognomie*
- Erhöhte Landflächen in der zentralen Hochebene mit maximalster Höhenlage von 1.000 m im Gebirge Caiapós und minimalster Höhenlage von 350 m an den Tälern der größeren Flüsse. Die ausdrucksstärkste Fläche, welche vom Saum der Hochebene präsentiert wird, ist vor Ort auch als Chapadão de Goiás bekannt. Mit Buschsteppenvegetation bedeckte Berge, Felswände sowie große Felsblöcke und ausgedehnte, mit Gräsern bewachsene Feldflächen. Flüsse inmitten von Palmenzeilen, Wasserfällen und natürlich geformten Schwimmbecken. In den Ziliarwäldern und Buschsteppen liegt die Präsenz einer dichten, baumartigen Vegetation vor. Region dicht mit Getreide und Viehzucht bestellt.

*Besonderheiten*
- Einfache Beobachtung von Säugern wie etwa dem großem Ameisenbär, Edelhirsch und Mähnenwolf, abgesehen von großen Rudeln an Bastardsträußen auf den ausgedehnten und mit natürlicher Vegetation bedeckten Feldern.
- Riesige Termidenhaufen mit natürlicher Leuchtkraft in August und September.
- Zur Kanufahrt geeignete Flüsse.
- Wasserfälle und Stromschnellen.
- Canons und Felsbildungen zur Ausübung radikaler Sportarten.
- Archäologische Fundstellen, primitive Malereien.

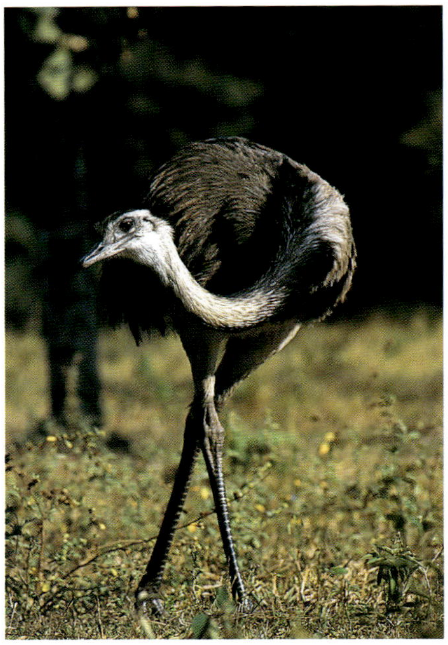
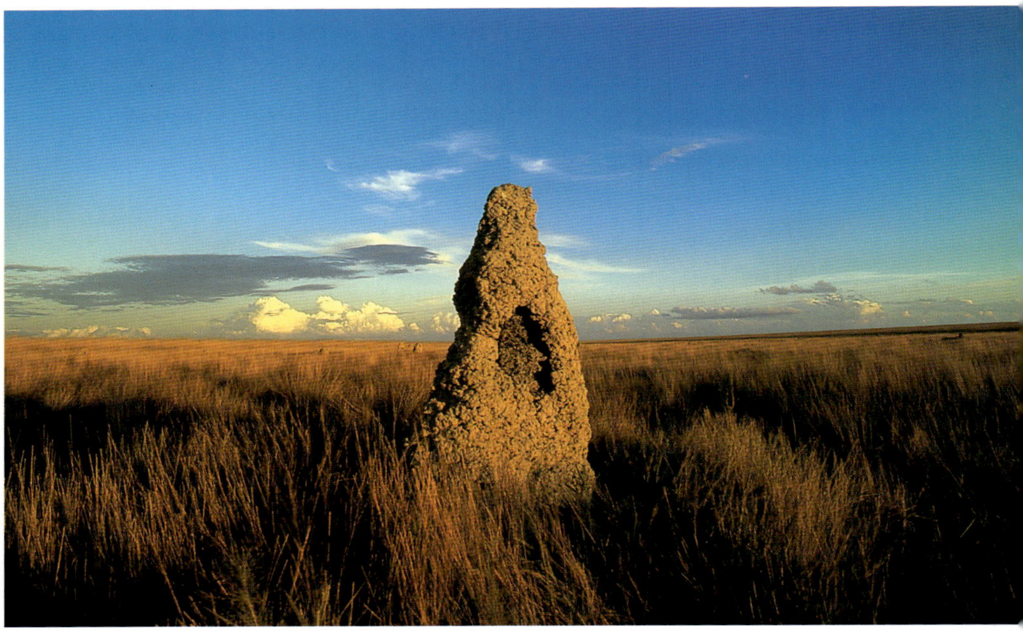
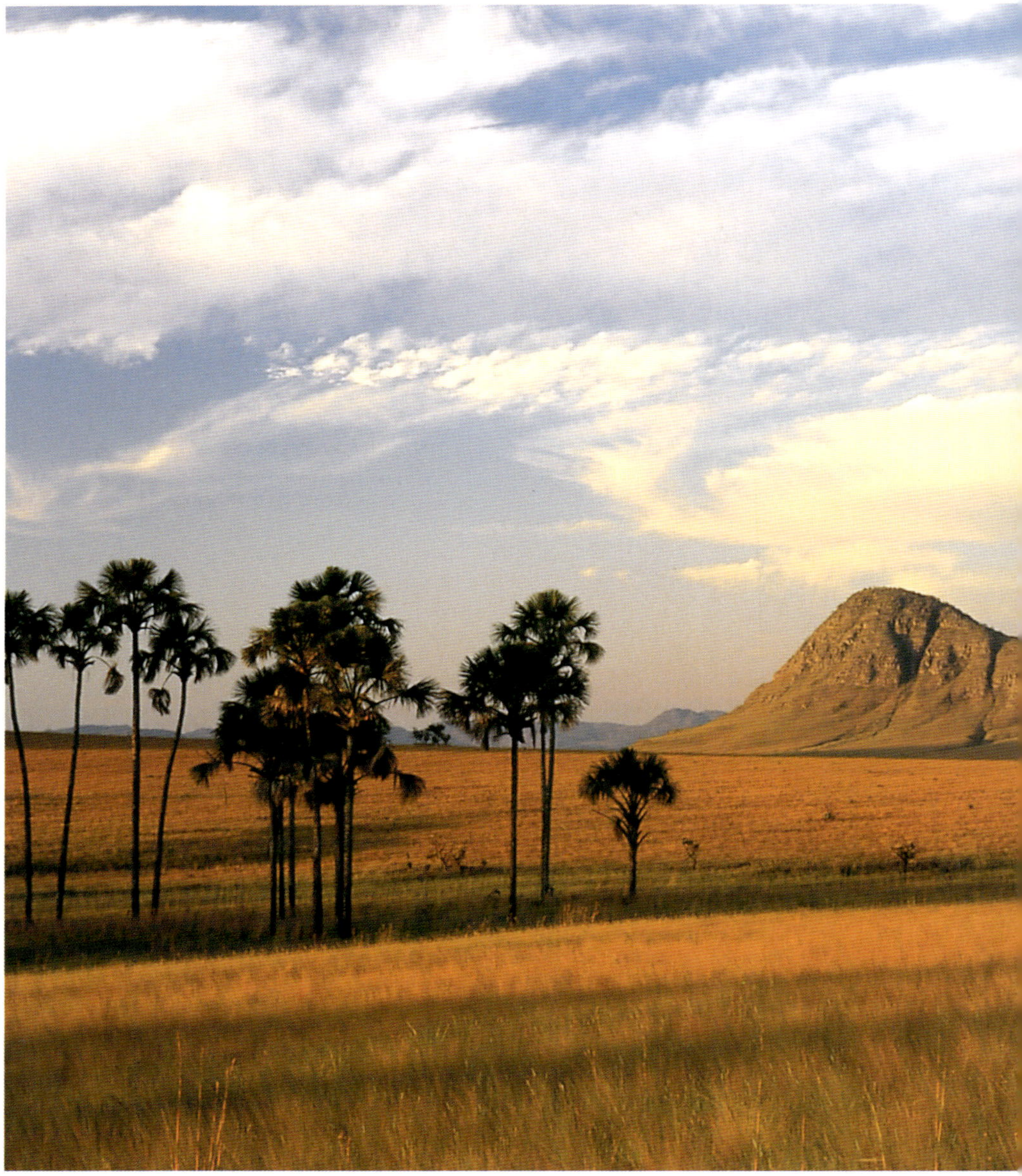

# GOIÁS

andere Seite: Bastardstrauß und Termidenhaufen im Nationalpark Emas und Tal Maitréia im Nationalpark Hochebene Veadeiros.

diese Seite: Wasserfall vom Rio Preto und Wasserfall Cariocas, Nationalpark Hochebene Veadeiros

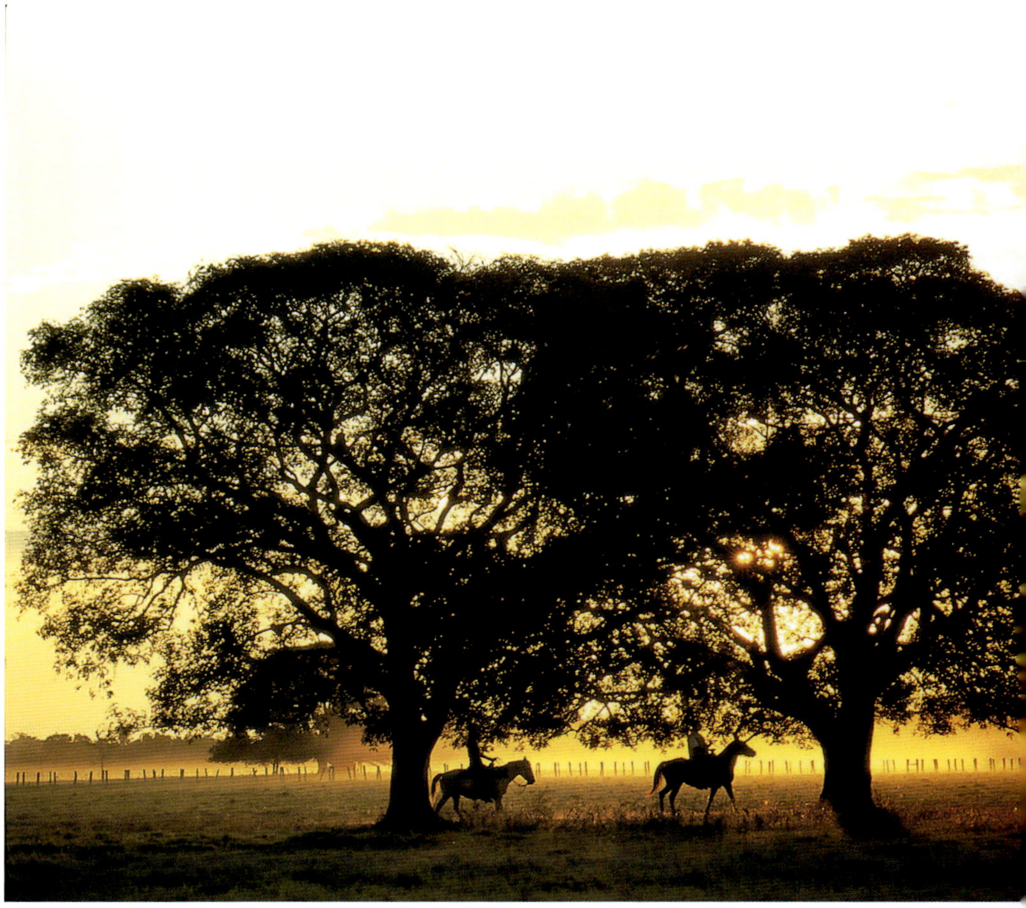
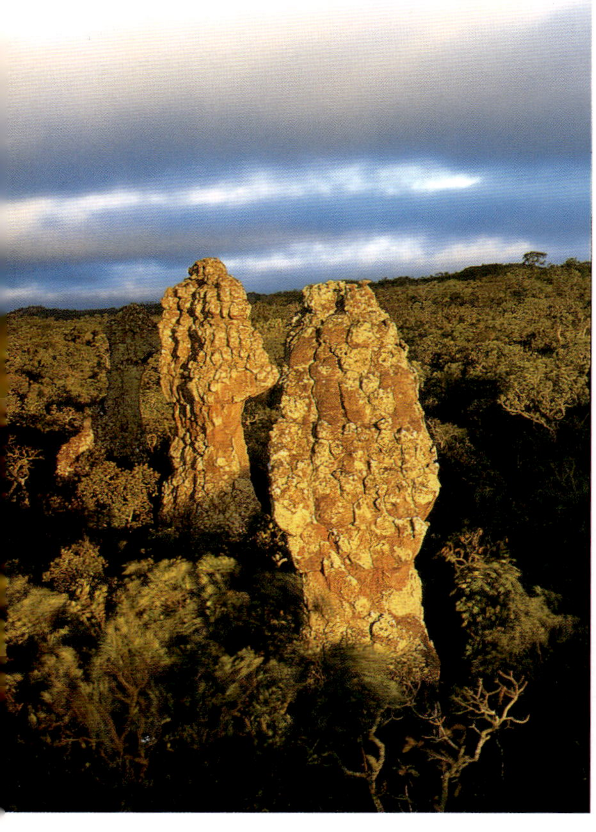
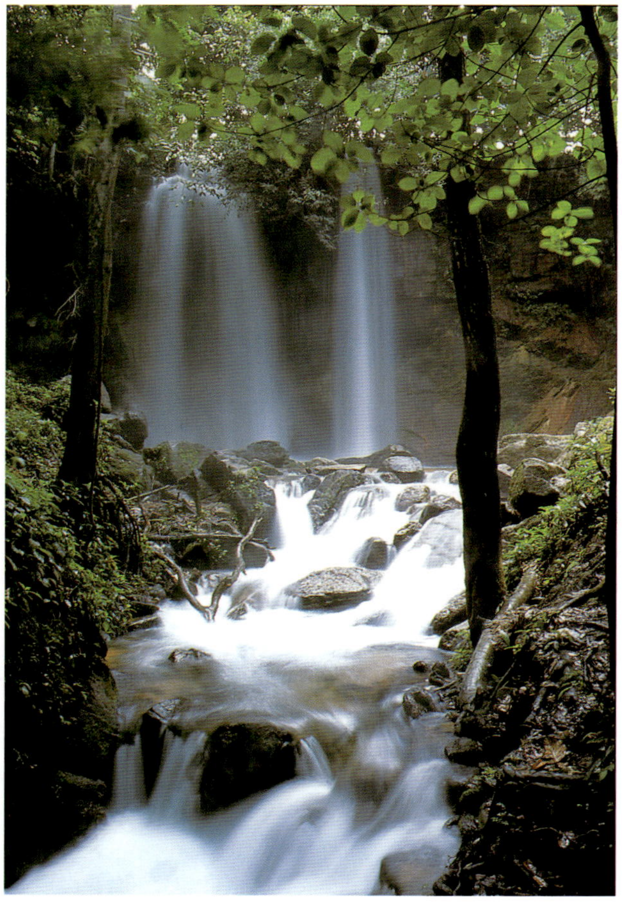

# MATO GROSSO

andere Seite: Reiter an der Straße im Pantanal, Felsbildung bei Curral und Wasserfall Salgadeira, Nationalpark Hochebene Guimarães

diese Seite: Jabirus und Gehörntes Straußhuhn.

# MATO GROSSO

Das Bundesland Mato Grosse grenzt nördlich an Amazonien und Pará, östlich an Goiás und Tocantins, südlich an Mato Grosso do Sul und Bolivien und westlich an Bolivien und Rondônia. Einst umfasste es Rondônia und Mato Grosso do Sul. Es belegt jedoch nun, nachdem es abgegliedert wurde, immer noch ein enorm großes Gebiet, wobei es unser drittgrößtes Bundesland verkörpert. In ihm stößt man auf 3 der 7 brasilianischen Biotope: Buschsteppe, Amazonasgebiet und Pantanal.

In seinem Relief heben sich mit einer bemerkenswerten Vielfalt an Aussehen Hochebenen, Tiefland und überschwemmtes Flachland heraus. Die Säume der Hochebenen sind von Erosionsartigen Felsspalten großer Schönheit gekennzeichnet, welche die geradlinigen Oberflächen umgeben, auch als Plateaus bekannt. Die Tiefländer sind im Vergleich zu den sie umgebenden Hochebenen tiefgelegene Flächen, welche durch zahlreiche Flüsse durchschnitten werden, welche in Richtung der Becken von Prata und dem Amazonasgebiet fließen. Zwei riesige und überschwemmte Flachlandregionen sind in Mato Grosso präsent: das Pantanalgebiet und das Bananal.

Diese Länder sind in ihrem überwiegenden Teil von Buschsteppenvegetation bedeckt, wobei nördlich Spezies aus der Übergangsregion zwischen Amazonasgebiet und Buschsteppe sowie typische Spezies aus dem Amazonasgebiet vorherrschen. Richtung bolivianische Grenzregion überwiegt eine Übergangsvegetation von Buschsteppe und Pantanal und entlang der ausgedehnten Flachländer eine große Vielfalt typischer Pflanzen aus überschwemmten Gebieten.

Die Geschichte der Landbesiedlung steht im dichten Zusammenhang mit dem Bergbau, besonders der Suche nach Gold und Edelsteinen. Aktivitäten, welche die Kreuzritter in den ersten Jahrzehnten der Kolonisation und späteren Wiederaufnahme im XX. Jahrhundert mit der Entdeckung neuer Fundstellen zur Gründung von Städten wie Cuiabá, Vila Bela, Cáceres und Poconé bewegten. Mit der Erschöpfung der Minen im ersten Zyklus des Bergbaus begann die Gummigewinnung, der Abbau von Holz sowie weiterer pflanzlichen Produkten, welcher jedoch durch fehlende Straßen und Konflikte mit der einheimischen Bevölkerung erschwert wurde.

Ab 1970 erweiterte die brasilianische Wirtschaft ihre Grenzen Richtung zentralen Osten und das Bundesland Mato Grosso konsolidierte seine in der Land- und Viehwirtschaft basierte Entwicklung. Derzeit ist das Land großer Samenproduzent, darunter auch von Soja, und verkörpert mehr als 10% der Nationalproduktion. Seiner strategischen Position als Gehodetisches Zentrum des Kontinents wegen sowie der Tatsache, dass es Teil des natürlichen Korridors ist, welcher den Pazifik mit dem Atlantik verbindet, kann Mato Grosso eine wichtige Rolle bei der Integration unseres Landes in Südamerika übernehmen. Neue Zugangswege, Infrastruktur des Hotelwesens und vor allem landschaftliche Vielfalt, in der Felswände, Kavernen und Flüsse mit Wasserfällen von abwechslungsreicher Vegetation umrahmt werden, verleihen dem Bundesland exzellente Grundlagen zur Ausübung des Ökotourismus.

### MT 1 - Pólo Pantanal Norte
**(Zentrum nördliches Pantanalgebiet)**

*formende Gebiete*

Abschnitt des Pantanalgebietes, welche die Verbindung zwischen den Gemeinden Poconé und Porto Jofre mit einbezieht und sich bis Barão de Melgaço, Santo Antônio do Leverger sowie Cáceres an den Ufern des Paraguai erstreckt.

*Physiognomie*

- Ausgedehnte Fläche überschwemmten Flachlandes sowie einem höhergelegenen und trockenen Landstrich nahe bei Cuiabá. Zahlreiche Flüsse, „Corixos", Seen, Buchten, überschwemmte Flächen und Präsenz verschiedenartiger Vegetationsformen der Buschsteppe mit Waldbildungen im Gehölz, Waldgalerien und „Parks" – Vegetationsformierungen mit einer einzigen vorherrschenden Spezies. Mit Gräsern bewachsenes Brachland. Zahlreiche Spezies an Wasser- und Sumpfpflanzen.

*Besonderheiten*

- Vielfalt und große Menge wilden Waldes.
- Abwechslungsreiche Flora.
- Zum Sportangeln geeignete Flüsse.
- Beobachtung der Fauna während Bootsrundfahrten und Ausflügen auf Pfaden.
- Aussichtstürme in Gebieten nahe von Brutstätten und anderen konzentrierten Stellen der Fauna, welche durch nicht regierungsgebundene Umweltorganisationen sowie Unternehmer des Ökotourismus errichtet wurden.
- Traditionelle Fazendas, welche dem ländlichen sowie erzieherischen Tourismus angepasst wurden.

### MT 2 - Pólo Chapada dos Guimarães
**(Zentrum Hochebene Guimarães)**

*formende Gebiete*

Region des Nationalparks Hochebene Guimarães und dessen Umgebung, wobei die Gemeinden der Hochebene Guimarães sowie Cuiabá mit einbezogen sind.

*Physiognomie*

- Das Zentrum erstreckt sich an den flachen und tiefliegenden Gebieten von Cuiabá beginnend bis hin zu den ebenen Erhöhungen des Plateau Guimarães und den Böschungen seiner Säume. Die Abstufungen durch geröteten Sandstein bilden den Saum der zentralen brasilianischen Hochebene und Teilung der Gewässer aus den Becken von Amazonas und Prata.
- Felswände roten Sandsteins, an denen das Wasser unzähliger Wasserfälle hinunterstürzt; Felsbildungen mit ungewöhnlichem Aussehen, Grotten, Flüsse und Seen inmitten typischer Buschsteppenvegetation.

*Besonderheiten*

- Topographie mit Felsbildungen großer Schönheit.
- Aussichtspunkte, von denen der Anblick außergewöhnlich schöner Landschaften freigeben wird.
- Flüsse, Wasserfälle, Felswände.
- Mildes Klima der Hochebene im Gegensatz zur Wärme der Tiefebene von Cuiabá.
- Primitive Inschriften, Kavernen, Grotten und Fossile.
- Gehodetisches Zentrum von Südamerika sowie als energetisch erklärte Region, welche der Mystik und Esoterik zugewandt ist.
- Beweise der Kolonisation durch die Kreuzritter.

### MT 3 - Pólo Amazônia Matogrossense
**(Zentrum Amazonasgebiet von Mato Grosso)**

*formende Gebiete*

Alta Floresta, inklusive die Flüsse Teles Pires und Cristalino.

*Physiognomie*

- Das Gebiet, welches sich im südlichen Teil des Amazonasbeckens befindet, wird von bedeutenden Waldregionen bedeckt und durch Flussverläufe geteilt, welche dem Becken Tapajós zugehören. Seen, Flussstrände, Wasserfälle sowie üppige Vegetation mit großen Baumspezies, Kastanienbäumen und vielen Palmenarten.
- In den ebeneren Landflächen wachsen Bäume geringerer Größenordnung, welche lianenförmige Wälder bilden. Diese wurden jedoch in letzter Zeit zur Pflanzung verschiedener Nutz- und Weidekulturen abgeholzt.

*Besonderheiten*

- Beobachtung von Flora und Fauna mit großem Reichtum an Tier- und Pflanzenspezies.
- Pfade, welche speziell zur Vogelbeobachtung angelegt wurden.
- Bädern im Fluss und unter Wasserfällen.
- Bootsrundfahrten und Angelsport.

# MATO GROSSO do SUL

Das Bundesland Mato Grosso do Sul grenzt nördlich an Goiás und Mato Grosso, östlich an Minas Gerais und São Paulo, südlich an Paraná und westlich an Bolivien und Paraguay. Sein Relief ist durch die leicht erhöhten Landflächen aus den Flachebenen und Pantanalgebieten von Mato Grosso sowie das Becken Paraná gekennzeichnet, welche Höhenlagen zwischen 500 und 700 m aufweisen. Die tiefliegenden Landgebiete werden östlich durch die Gebirge Maracajú und Campo Grande, südöstlich durch das Gebirge Bodoquena und westlich durch die Hügelkette Urucum-Amolar umgeben. Sie stellen aufgrund ihrer großen Mineralreserven sowie der bestehenden abwechslungsreichen Physiognomie wichtige Formierungen großen landschaftlichen Wertes dar.

Im Pantanalgebiet konzentrieren sich auf ebenen, offenen und von befahrbaren Flüssen durchschnittenen Landflächen, die verschiedenartigsten Repräsentanten brasilianischer Fauna und Flora, was exzellente Möglichkeiten zum Beobachten der Natur darstellt.

Seine Wichtigkeit als natürlich erhaltene Region führte zu internationaler Anerkennung, als sie von der UNESCO zum weltweiten Erbe der Menschheit ernannt wurde.

Die Vegetation ist im überwiegenden Teil des Landes durch Buschsteppe vertreten und verfügt über einen großen Anteil an Brachland, welches ideal zur extensiven Rinderzucht geeignet ist. Im Pantanalgebiet bestehen verschiedene Arten von Vegetationsgemeinschaften. Diese unterscheiden sich in ihrem Feuchtigkeitsgrad, welcher sich durch die periodischen Überschwemmungen bildet. Ziliarwälder, Parks an Prosopis Kuntzei und Hortia arborea erstrecken sich inmitten typischer Vegetation von überschwemmten Flächen.

Das Klima ist durch warme Sommer und verregnete, milde und trockene Winter gekennzeichnet, in denen aufgrund des Einflusses polarer Luftmassen sehr tiefe Temperaturen auftreten können.

Ursprünglich stellte Mato Grosso do Sul einen Teil von Mato Grosso dar. Im Jahre 1979 wurde das Land jedoch unabhängig und besitzt Campo Grande als Hauptstadt. Die regionale Entwicklung begann Ende des XIX. Jahrhundert durch aus der Region von Minas und São Paulo stammenden Urbarmachern. Sie befanden sich auf der Suche nach Ländereien, welche für Land- und Viehwirtschaft geeignet waren. Corumbá, die an den Ufern des Paraguay gelegene „Hauptstadt der Pantanalregion", stellte bereits seit Anfang der Kolonialzeit Schauplatz von Auseinandersetzungen zwischen Portugiesen und Spaniern dar. Von ihnen wurde das Territorium in Form von Kämpfen abgesteckt. Im Laufe des Krieges mit Paraguay war es erneut Kampfplatz und verrät in ihren massiven Festungsbauten sowie starken Einfluss der Bräuche aus Paraguay und Bolivien ihren Charakter als Grenzstadt.

Die Wirtschaft des Landes basiert sich in Land- und Viehwirtschaft, Bergbau, Rekursen aus der Fischerei sowie derzeit im Tourismus. In seinem Territorium befinden sich Regionen, welche als einige der bedeutendsten Ziele des brasilianischen Ökotourismus gelten.

## MS 1 - Pólo Pantanal Sul
**(Zentrum südliches Pantanalgebiet)**

*formende Gebiete*

Ausgedehntes Zentrum, in welchem die Parkstraße den Zugang darstellt. In ihren Verlauf befinde sich Unterkunftsmöglichkeiten und Hotels. Außerdem verfügt das Zentrum noch über weitere Zugangswege über die Flüsse Paraguai, Miranda und Aquidauana.

*Physiognomie*
- Großflächiges Gebiet, welches die Pantanalregionen Aquidauana, Miranda, Abobral und Nhecolândia umfasst. Östlich wird diese Region vom Gebirge Maracaju, südlich vom Gebirge Bodoquena und westlich von der Grenzregion Corumbá/ Bolivien umgeben, in welcher sich die beachtenden Erhöhungen der Hügelkette des Urucum befinden. Ein großer Teil dieses Gebietes erleidet durch das Überlaufen des Paraguai und seinen Nebenflüssen, dessen Wasservolumen durch die starken Regenfälle und dem geringen Gefälle der Gebiete bedeutend ansteigt, regelmäßige Überschwemmungen. Unzählige überschwemmte Gebiete, Becken und Seen ergänzen die Landschaft, welche mit einigen wenigen isolierten Hügeln, wie etwa dem Azeite, bestückt ist. Sehr abwechslungsreiche Vegetation: Buschsteppenfelder, Waldgehölz in den höheren Lagen, Galeriewälder, große Ausdehnungen an Parks von Prosopis Kuntzei, Hortia arborea und Acurazais Bäumen sowie reichhaltige Vielfalt an Wasser- und Sumpfpflanzen.

*Besonderheiten*
- Schöne und abwechslungsreiche Landschaft.
- Reichtum an Flora und Fauna.
- Ideale Orte für kontemplativen Tourismus, Tier- und Pflanzenbeobachtung, Bootsrundfahrten und Wanderungen.
- Fischreiche Flüsse – diese gestalten das Pantanalgebiet zu einem der besten Anlaufpunkte des Angelsports.
- Fazendas mit umfassenden Bauten, gastfreundlicher Bedienung sowie traditionellen Aktivitäten in der Rinderzucht.
- Herrenhäuser, Hafen, Festung in Corumbá.
- Bräuche, Musik und Kunsthandwerk am Grenzgebiet: Bolivien und Paraguay.

## MS 2 - Pólo Serra da Bodoquena
**(Zentrum Gebirge Bodoquena)**

*formende Gebiete*

Bodoquena, Bonito und Jardim

*Physiognomie*
- Südlich der Pantanalregion gelegen, weist das betreffende Gebiet eine Höhenlage zwischen 400 und 750 m auf und wird von Buschsteppenvegetation bedeckt. Es verfügt über ein schwaches Relief, welches durch unzählige Berge, geebnete Flächen sowie steile Böschungen an seiner Westseite geprägt ist. Abwechslungsreiche Bodenzusammensetzung mit vorherrschendem Kalkgestein, was dem extensiv verbreiteten Gewässernetz außerordentliche Transparenz verleiht und das häufige Vorkommen von Kavernen, Abgründen und Felswänden erklärt. Diese gestalten das Zentrum zu einem der derzeit größten Ziele des Ökotourismus.

*Besonderheiten*
- Flussquellen sowie zum Baden, Befahren und der Unterwasserobservierung geeignete Flüsse und Wasserfälle.
- Grotten und Sickergruben.
- Beobachtung von Fauna und Flora der Buschsteppe.
- Begleitung durch zugelassene Reiseführer im Verlaufe aller Aktivitäten, welche vorher geplant werden sollen.
- Gerätschaften, Transport und organisatorische Informationen.
- Unter Naturschutz stehende Gebiete (Grotte Lago Azul) bzw. Privatgebiete mit festgelegten Besuchszeiten.
- Kunsthandwerk, Kochkunst und Unterkunftsmöglichkeiten wurden den Gegebenheiten des Ökotourismus angepasst.
- Radikale Sportarten.
- Abenteuertourismus.

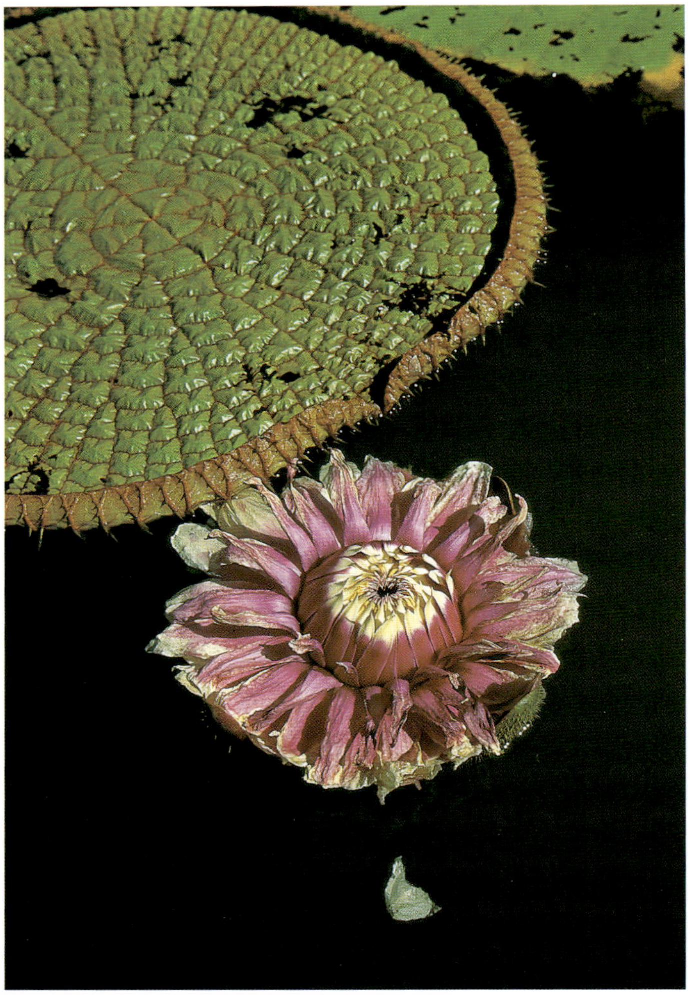
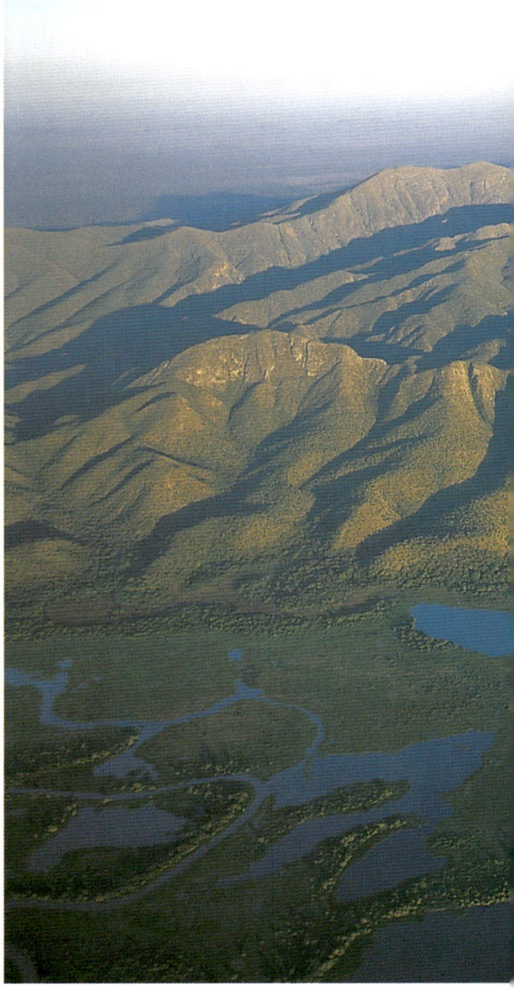
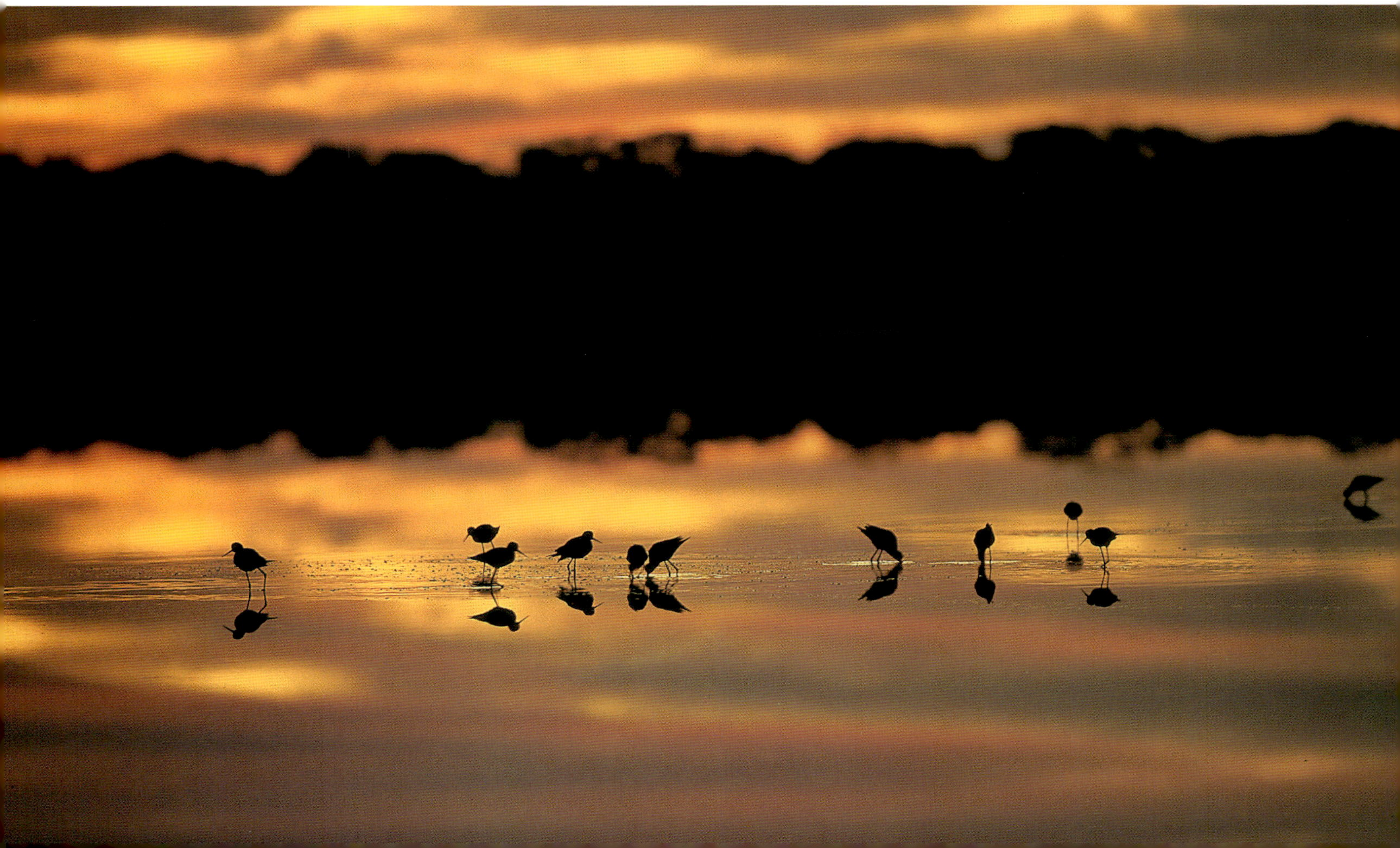

# MATO GROSSO do SUL

andere Seite: Victoria Amazonica am Rio Cuiabá sowie See Dourada in Nhecolândia.

diese Seite: Serra do Amolar (biosphärisches Reservat), junge Olivenscharben, Flussarm des Paraguai, Sumpfhirsch sowie Schwärme von Schmuckreihern und Rosalöfflern, Nationalpark Pantanal Matogrossense

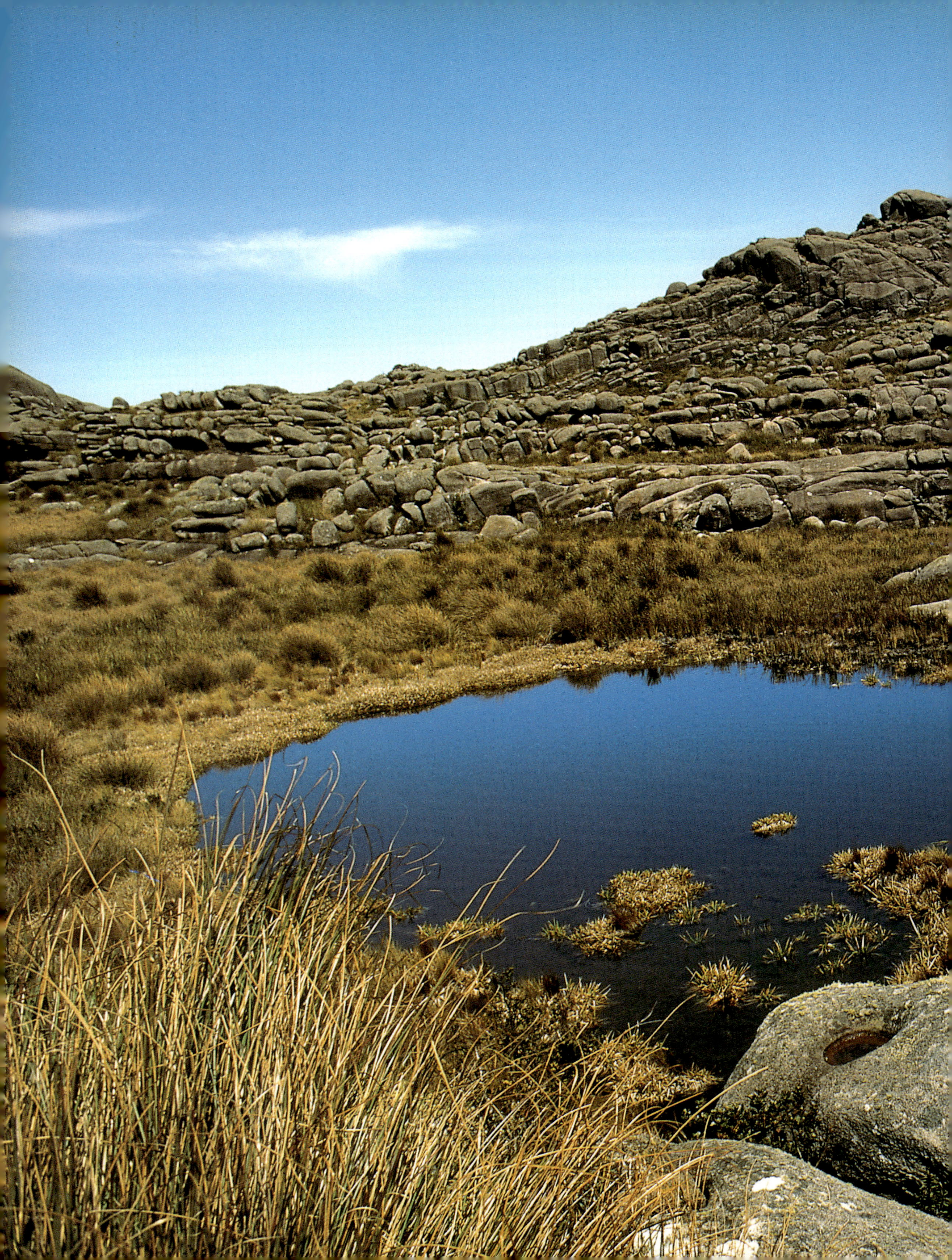

*region* SÜDOSTEN

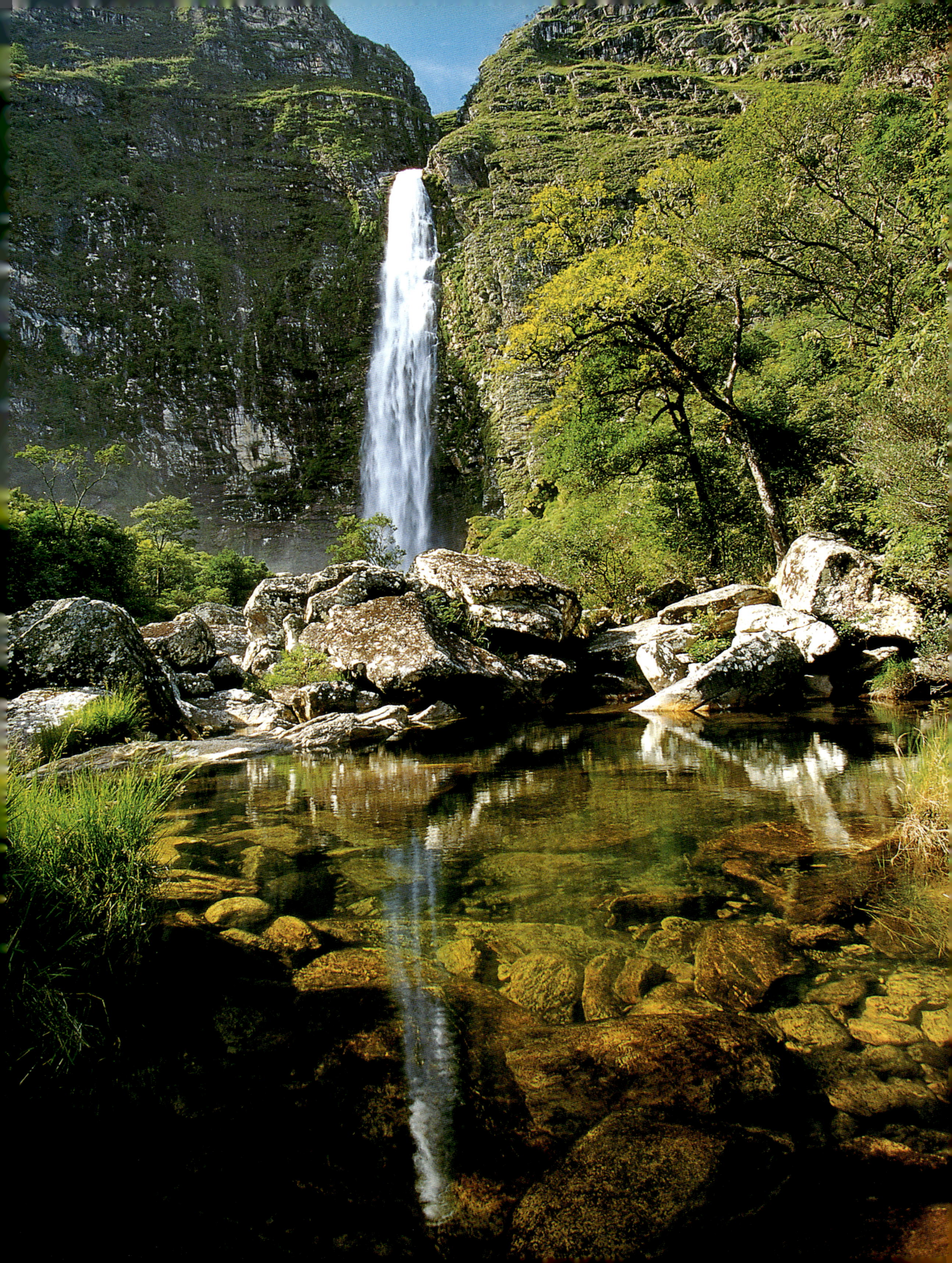

Die Region des Südostens beansprucht eine Fläche von 924.000 km2. Das entspricht mehr als 11% der Gesamtfläche Brasiliens. Sie umfasst die Bundesländer Espírito Santo, Minas Gerais, Rio de Janeiro und São Paulo. Es stellt die urbanisierteste und industrialisierteste Region des Landes dar, in welcher fast die Hälfte der brasilianischen Bevölkerung lebt.

Trotz der starken Bevölkerungsdichte, welche aus der Anzahl der sich dort befindlichen Städte zu schließen ist, weist diese Region noch angenehme Orte für jene auf, welche den Kontakt zur Natur und regionalen Bräuchen genießen möchten. Ein ausgedehntes Straßennetz erstreckt sich über den gesamten Südosten entlang und ermöglicht sowohl einen Zugang zur Küste als auch zu den entfernter gelegenen Orten im Landesinnern.

Von einer weiträumigen ozeanischen Fassade umgeben, charakterisiert sich diese Region mit ihrer landschaftlichen Vielfalt, welche sich durch deren morphologischer Verschiedenartigkeit erklären lässt. Vom schmalen und abgetrennten sowie umfassenden und geradlinigen Flachland des Küstengebietes abgesehen, stößt man in Meeresnähe auf große Böschungen und weiter im Landesinneren hinein auf Gebiete größerer Höhenlagen, wie etwa 1200 – 2890 m, welche von den Massiven Serras do Mar, Caparaó und weiter im Zentrum von Minas Gerais gelegen, von Espinhaço präsentiert werden. Große Flächen von Hochebenen, Flachland, Tiefland und Küsten ergänzen dieses verschiedenartige Relief.

Die anfängliche Vegetation wurde überwiegend durch Waldbildungen, Steppenfelder sowie einigen Caatingas präsentiert. Derzeit reduziert sich die natürliche Vegetation auf die höher gelegenen Flächen, dem Inneren der Täler sowie den Schutzgebieten und privaten Besitzgütern, in denen von den wichtigsten Biotopen der Region repräsentative Landflächen mit einem Potenzial zur Exploration durch den Ökotourismus erhalten werden. Unter den verschiedenen Nationalparks heben sich der zwischen Espírito Santo und Minas Gerais gelegene Nationalpark Serra do Caparaó, der zwischen São Paulo und Rio de Janeiro gelegene Nationalpark Serra da Bocaina sowie der Nationalpark Tijuca heraus, der größten in Stadtregion gelegenen Waldfläche Brasiliens.

Die unzähligen Flüsse der Region, welche einst die natürlichen Verkehrswege zur Urbarmachung des Landesinneren darstellten, werden heute zur Ausübung der verschiedensten Wassersportarten genutzt. Die Strände und Inseln des Küstengebietes, die Felswände, Höhlen und Bergpfade, die antiken Fazendas sowie die im gesamten Südosten existierenden historischen Stadtviertel und Landhäuser stellen natürliche und kulturelle Reichtümer dar. Sie sind bereit um Touristen aus aller Welt anzulocken, die mit Sicherheit sehr gut empfangen werden.

letzte Seite: Tal des Friedens, Nationalpark Itatiaia, Rio de Janeiro
andere Seite: Wasserfall Casca d'Anta, Nationalpark Serra da Canastra, Minas Gerais

# *region* SÜDOSTEN

# MINAS GERAIS

Das Bundesland Minas Gerais grenzt nördlich an Bahia, westlich an Goiás und Mato Grosso do Sul, südlich an São Paulo und östlich an Rio de Janeiro und Espirito Santo. Sein Relief ist überwiegend bergig mit Gebieten niedriger Höhenlagen, die durch Tiefländer dargestellt werden. Das Klima ist je nach Höhenlage unterschiedlich.

Die Besiedlung der Region von Minas Gerais nahm Ende des XVII. Jahrhunderts nach den ersten Goldfunden in Ouro Preto stark zu. Im vorhergehenden Jahrhundert begaben sich jedoch bereits Händler auf der Suche nach Holz und anderen pflanzlichen Produkten in dieses Land. Mit der Goldperiode vollzog sich eine schnelle wirtschaftliche Entwicklung und die Besiedlung dieser Region lief in einer sehr intensiven Weise ab. Diese Epoche war auch Gründerzeit zahlreicher Städte wie etwa Vila Real de Sabará (derzeitiges Sabará), Vila Rica (Ouro Preto), Tiradentes, Ribeirão do Carmo (derzeitiges Mariana) sowie weiteren Orten.

Im kleinerem Maße erfuhr auch der südliche Teil des Landes durch den Abbau an den Fundstellen der Goldadern seine Besiedlung. Orte wie Aiuruoca, Itajubá, Ouro Fino und Lavras entwickelten sich in kurzer Zeit. Die Besiedlung im Norden hängt ihrerseits mit der Entdeckung von Diamanten in den Regionen Diamantina und Serro zusammen.

Die Goldzeit währte von Ende des XVII. bis Ende des XVIII. Jahrhunderts, wodurch Minas Gerais an Reichtum gewann. Dem Land wurde bis hin zur Metropole Referenz verliehen, welche damit begann in ihre wirtschaftlichen Aktivitäten Restriktionen einzugliedern, was jedoch zur Untreue seitens der Minen führte. Mit Erschöpfung der Goldfunde begab sich die Wirtschaft von Minas in Dekadenz und kam erst im XIX. Jahrhundert mit den Aktivitäten der Kaffeekultivierung wieder zu Kräften. Derzeit entspricht der industrielle Sektor mit einem umfassenden und vielfältigen Industriepark etwa 26,3% der landesweiten Produktion, wobei sich der Bergwerksbetrieb und die Metallurgie neben der Automobilindustrie unter den wichtigsten Aktivitäten des Bereiches befinden.

Minas verkörpert das größte Bundesland im Südosten, wobei sich praktisch sein gesamtes Territorium in einer Höhenlage von mehr als 300 m und mehr als die Hälfte über 600 m befindet. Es weist eine an Bergen, Grotten und Tälern reiche Landschaft auf. Seine wichtigsten touristischen Attraktionen werden jedoch durch das Erbe an Architektur und Kolonialkunst verkörpert, der bedeutendsten in Brasilien. Eine weitere Attraktion sind die hydromineralischen Erholungsorte der südlichen Region, unter denen sich São Lourenço, Caxambu und Poços de Caldas befinden.

Die touristische Strukturierung begann 1979 mit der Gründung von TURMINAS und später mit BELOTUR, welche verschiedene Investitionen leitete um dem Geschäftstourismus Unterstützung zu verleihen. Dabei heben sich die Flughäfen Pampulha und Confins sowie das Minas Centro heraus, welches sich ideal für Ferienaufenthalte und Kongresse eignet.

Im Landesinneren begünstigen Besonderheiten aus dem Landleben die Schaffung von Fazenda-Hotels sowie den Programmbeginn eines ländlichen Tourismus. Die Existenz von Naturschutzgebieten wie etwa den Nationalparks Serra da Canastra, Itatiaia, Serra do Cipó, Serra do Caparaó und Grande Sertão Veredas sind ausschlaggebend bei der Entwicklung ökotouristischer Aktivitäten und deren verschiedener Modalitäten.

# Minas Gerais

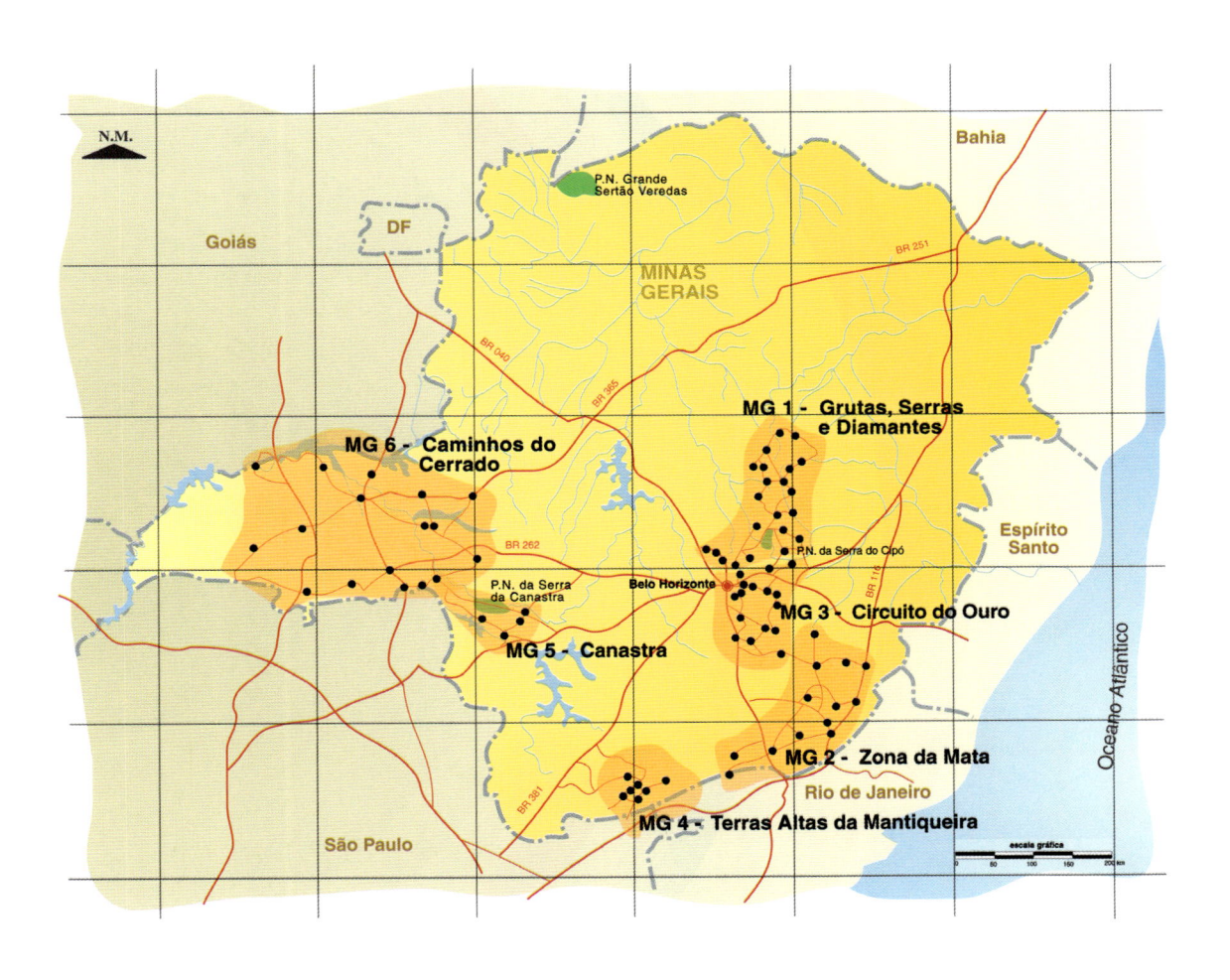

- **MG 1 - Grutas, Serras e Diamantes**
- **MG 2 - Zona da Mata**
- **MG 3 - Circuito do Ouro**
- **MG 4 - Terras Altas da Mantiqueira**
- **MG 5 - Canastra**
- **MG 6 - Caminhos do Cerrado**

P.N. Grande Sertão Veredas
P.N. da Serra do Cipó
P.N. da Serra da Canastra
Belo Horizonte

Goiás · DF · Bahia · Espírito Santo · Rio de Janeiro · São Paulo · Oceano Atlântico

## MG 1 - Pólo Grutas, Serras e Diamantes
**(Zentrum Grotten, Gebirge und Diamanten)**

*formende Gebiete*

Lagoa Santa, Confins, Pedro Leopoldo, Matozinhos, Prudente de Morais, Sete Lagoas, Cordisburgo, Santana do Riacho, Congonhas do Norte, Presidente Kubitschek, Gouveia, Datas, Diamantina, Couto Magalhães de Minas, Felício dos Santos, Serra Azul de Minas, Santo Antônio do Itambé, Serro, Alvorada de Minas, Dom Joaquim, Conceição do Mato Dentro, Morro do Pilar, Santo Antônio do Rio Abaixo, São Sebastião do Rio Preto, Itambé do Mato Dentro und Jaboticatubas.

*Physiognomie*

- Gebirgsregion, welche durch die konstante Präsenz mineralischen Reichtums inmitten historischer Bauten gekennzeichnet ist. Als Spuren der Gold- und Diamantenzeit stellt sie einen enormen wissenschaftlichen Wert dar.
- Kavernen und Grotten mit primitiven Inschriften, Parks und weiteren unter Naturschutz stehenden Flächen. Wasserfälle mit natürlich geformten Schwimmbecken, die von Buschsteppenvegetation umgeben sind.

*Besonderheiten*

- Wasserfälle, natürlich geformte Schwimmbecken, Canons mit primitiven Inschriften.
- Grotten und Kavernen mit Überresten menschlicher Präsenz sowie prähistorischen Tieren.
- Historisch – kulturelles Erbe: Museen, Kirchen, Herrenhäuser, Wege und Strecken.
- Nationalpark Serra do Cipó.

## MG 2 - Pólo Zona da Mata
**(Zentrum Waldzone)**

*formende Gebiete*

Ibertioga, Lima Duarte, Rio Preto, Juiz de Fora, Além Paraíba, São João Nepomuceno, Leopoldina, Cataguases, Miraí, Ubá, Barbacena, Viçosa, Araponga, Ponte Nova, Fervedouro, Espera Feliz, Muriaé und Tombos.

*Physiognomie*

- Das Zentrum umfasst die bergige Gebirgsregion Mantiqueira an der Grenze zum Bundesland Rio de Janeiro bis nahe Nationalpark Caparão an der Grenze zu Espírito Santo. Präsenz von Regenwaldvegetation, der Buschsteppe sowie Hochlandebenen. Zahlreiche Kavernen, Flüsse, Wasserfälle sowie Spuren, welche die Kreuzritter, Viehtreiber und Naturalisten bei ihrem Durchzug hinterließen.

*Besonderheiten*

- Grotten und Kavernen.
- Abwechslungsreiche Vegetation.
- Historische Bauten.
- Landespark Ibitipoca – große Quarzreserven.
- Landespark Gebirge Brigadeiro – Hochgelegenes Brachland.

## MG 3 - Pólo Circuito do Ouro
**(Zentrum Goldstrecke)**

*formende Gebiete*

Belo Horizonte, Bom Jesus do Amparo, Santa Luzia, Sabará, Itabira, Barão de Cocais, Santa Bárbara, Catas Altas, Mariana, Ouro Preto, Piranga, Ouro Branco, Congonhas, Itabirito, Nova Lima, Raposos und Caeté.

*Physiognomie*

- Inmitten der unzähligen Berge aus Minas stößt man auf die verschiedenartigsten Gesandten der Goldperiode: Städte, Dörfer und Wege sind historische Beweise, welche aus den Bauten, Bräuchen, Kunstwerken und Kunsthandwerk zu schließen sind. Regenwaldvegetation, Buschsteppe, gemeines Brachland, reiche Fauna, natürlich geformte Schwimmbecken, Speicher, Brunnen, Wasserfälle, Grotten und großer biologischer Reichtum inmitten eines riesigen Kulturerbes sowie der vereinfachten Lebensweise einer modernen Landeshauptstadt, welche Belo Horizonte darstellt.

*Besonderheiten*

- Parks, Aussichtspunkte und Wasserfälle.
- Museen, Kirchen, Herrenhäuser, Kunstbrunnen und Wegen.
- Touristische Infrastruktur.
- Mehrere Naturschutzgebiete.

## MG 4 - Pólo Terras Altas da Mantiqueira
**(Zentrum Hochland von Mantiqueira)**

*formende Gebiete*

Alagoa, Itamonte, Itanhandu, Passa Quatro, Virgínia, São Sebastião do Rio Verde, Pouso Alto und São Lourenço.

*Physiognomie*

- Relief zeichnet sich durch beachtliche Erhöhungen, Gipfel und ausgedehnte Regenwaldvegetation an der Grenze zu São Paulo und Rio de Janeiro aus. Hydromineralische Quellen sowie historische Orten, an denen Kreuzritter vorbeizogen.

*Besonderheiten*

- Lokale, welche zur Praktizierung von Ökotourismus geeignet sind: Kanufahrten, Wasserreiten, Wanderungen, Sportangeln, Klettern, Bergsport, Flussbäder und Rafting.
- Wasserquellen mit medizinischen Heilwirkungen.
- Landschaft großen szenischen Wertes.
- Bewahrte Orte: Nationalpark Itatiaia, APA des Gebirges Mantiqueira sowie Nationalwald Passa Quatro.

## MG 5 - Pólo Canastra
**(Zentrum Canastra)**

*formende Gebiete*

São Roque de Minas, Vargem Bonita, São João Batista do Glória, Delfinópolis und Sacramento.

*Physiognomie*

- Umgebung des Nationalparks Serra da Canastra wird als Represa dos Peixotos bezeichnet und ist reich an Wasserfällen sowie natürlich geformten Brunnen und Schwimmbecken und von Brachland und Wäldern umsäumt. Gebirge, Gipfel, Aussichtspunkte und Kavernen ergänzen die Landschaft, in welcher sich vom Aussterben bedrohte Tierspezies sowie verschiedenartige Pflanzenspezies befinden.

*Besonderheiten*

- Ideale Orte für eine Reihe ökotouristischer Aktivitäten.
- Wasserfälle, natürlich geformte Schwimmbecken und Aussichtspunkte.
- Ländlicher Tourismus auf Fazendas.
- Nationalpark Serra da Canastra.

## MG 6 - Pólo Caminhos do Cerrado
**(Zentrum Wege der Buschsteppe)**

*formende Gebiete*

Araxá, Sacramento, Conquista, Delta, Uberaba, Conceição das Alagoas, Planura, Fronteira, Frutal, Campina Verde, Prata, Uberlândia, Cachoeira Dourada, Araporã, Tupaciguara, Araguari, Estrela do Sul, Romaria, Nova Ponte, Patrocínio, Pedrinópolis und Santa Juliana.

*Physiognomie*

- Buschsteppenregion in der Dreiecksregion von Minas; durchschnitten von den Flüssen aus dem Becken Parnaíba sowie dem Fluss Rio Grande. Große Staugebiete, Wasserfälle und historische Gebäude zeichnen die Landschaft aus, welche reichhaltig mit Fazendas zur Rinderzucht bestückt ist. Inmitten der Gebirge und Täler stößt man auf sulfathaltiges, alkalisches und leicht radioaktives Wasser.

*Besonderheiten*

- Grotten, Wasserfälle und Flüsse, welche sich besonders für Aktivitäten des Ökotourismus eignen.
- Thermale und heilwirkende Wasserquellen; Schlammbäder.
- Historisches und kulturelles Erbe – Museen, Kirchen, Ruinen und Spuren der Präsenz von Dona Beja.

diese Seite: Rio São Francisco im Monat November, Flussdetail und großer Ameisenbär, Nationalpark Serra da Canastra.

andere Seite: Canon Bandeirinhas im Nationalpark Serra do Cipó, Wasserfall im Gebirge Mantiqueira und Felsgebilde im Nationalpark Serra do Cipó.

# MINAS GERAIS

ANDRÉA D'AMATO

# ESPÍRITO SANTO

andere Seite: Sicht auf die Vorgebirge und Täler des Nationalparks Caparaó und Dünen bei Itaúnas

diese Seite: Morgenröte auf dem Gipfel Bandeira, Nationalpark Serra do Caparaó.

# ESPÍRITO SANTO

Das Bundesland Espírito Santo liegt sich östlich von Minas Gerais, südlich von Bahia und nördlich von Rio de Janeiro. Vierzig Prozent seines Territoriums bildet sich aus Tiefländern und das im Verlauf einer ausgedehnten Küste mit abwechslungsreichen Stränden, Sandbänken und Watts. Buchten, Inseln und viele Seen, vor allem im Bereich der Flussmündung des Rio Doce gelegen, ergänzen die Küstenlandschaft. Das Relief im Landesinneren ist vorwiegend gebirgig. Um 1533 ging der Portugiese Vasco Fernando Coutinho während der Zelebrierung des Festes des Heiligen Geistes in dieser Region an Land, was der dortigen Siedlung ihren Namen verlieh. Dieser breitete sich später über die gesamte Statthalterschaft aus.

Die Besetzung fand in einer extrem langsamen Weise statt. Anfangs nur von einigen Dörfern am Küstengebiet, wie etwa Aracruz, Linhares, São Mateus und später, im XIX. Jahrhundert, durch die Einführung der Kaffeekultur.

Derzeit stellt das Bundesland eines der wichtigsten Verbindungsglieder zwischen Brasilien und dem internationalen Markt dar. Der Hafenkomplex Capixaba gilt als einer der effizientesten Lateinamerikas. Er bildet sich aus sechs Häfen und ist für den Umschlag von Produkten aus Mato Grosso, Mato Grosso do Sul, Goiás, Bundesdistrikt, Minas Gerais, Tocantins, Rondônia und Maranhão verantwortlich.

Die Vorbereitungen für den Hafenkomplex Tubarão im Jahre 1966, die Installierung großer Industriezweige in den 70-ziger Jahren, die landwirtschaftliche Modernisierung und sich daraus ergebende Veränderung der Arbeitsverhältnisse auf dem Lande machten die Hauptstadt Vitória zu einem attraktionsreichen Zentrum für Einwanderer.

Espírito Santo rechnet derzeit mit einer verzweigten industriellen Struktur, wobei Unternehmen wie Vale do Rio Doce, das Eisenhüttenunternehmen Tubarão, Aracruz Celulose und Samarco Mineralabbau hervorgehoben werden sollten. Das Bundesland verkörpert ebenso eines der größten Kaffeeproduzenten des Landes sowie den größten Papayaexporteur.

Mehrere Attribute sprechen für die touristische Entwicklung. So etwa das tropische Klima, Restbestände des Regenwaldes, Watts, Flüsse und aus privater Sicht die Nähe der Gebirge zum atlantischen Ozean. Die Hauptstadt befindet sich auf einer Küsteninsel, in der Nähe von Guarapari und ist wegen ihrer Monazitsandstrände bekannt. Das Meer bietet ruhiggelegene Strände zum Baden sowie lebhaften Wellengang zum Surfen. Sein Relief ist relativ hügelig; der Pico da Bandeira, im Nationalpark Serra do Caparaó an der Grenze zu Minas Gerais gelegen, stellt mit seinen 2.890 m den dritthöchsten Punkt Brasiliens dar.

N.M.

BAHIA

MINAS GERAIS

Res. Biológica Córrego Grande

Res. Biológica do Córrego do Viado

ES 1 - Itaúnas

Res. Biológica de Sooretama

ESPÍRITO SANTO

ES 2 - Delta do Rio Doce

BR 101

ES 4 - Serras Capixabas

BR 116

BR 262

P.N. do Caparaó

Vitória

P.E. da Cach. da Fumaça

ES 3 - Passos de Anchieta

ES 5 - Serra do Caparaó

Oceano Atlântico

RIO DE JANEIRO

escala gráfica

0   50   100 km

## ES 1 - Pólo Itaúnas
**(Zentrum Itaúnas)**

*formende Gebiete*

Itaúnas, Conceição da Barra, São Mateus und Pinheiros.

*Physiognomie*

- Ausgedehntes Flachlandgebiet in Küstennähe mit Flüssen, überschwemmten Regionen, Seen, Watts, großen Stränden mit Vegetation an Sandbänken und Dünen, wovon viele nur schwach belebt sind. Verschiedene Naturschutzgebiete und historische Orte mit Überresten aus Beginn der Kolonialzeit.

*Besonderheiten*

- Ausgedehnte und wilde Strände.
- Projekt TAMAR – Beobachtung der Meeresschildkröten.
- Historische Fundstelle am Hafen São Mateus.
- Biologisches Reservat Córrego do Veado.
- Landespark Itaúnas.

## ES 2 - Pólo Delta do Rio Doce
**(Zentrum Delta des Rio Doce)**

*formende Gebiete*

Linhares, Sooretama und Aracruz.

*Physiognomie*

- Küstengelegene Flachlandregion, welche die Flussmündung des Rio Doce mit einbezieht. Tiefland mit Vielzahl an Flüssen, Seen, überschwemmten Gebieten und Watts. Vereinzelte Regenwaldgebiete und viel Aufforstung.
- Offene Meeresreservate sowie größter Seenkomplex im Südosten.

*Besonderheiten*

- Bootsrundfahrten; Sportangeln.
- Stützpunkte des Projektes TAMAR.
- See Juparanã: Mineralwasserquelle, Angeln und Strand.
- Großes Reservat an Stecklingen und Blumenessenzen – Reservat Vale do Rio Doce.
- Regenwaldreservate – Sooretama.
- Station für Meeresbiologie und ökologische Station Santa Cruz.

## ES 3 - Pólo Passos de Anchieta
**(Zentrum Passos de Anchieta)**

*formende Gebiete*

Serra, Cariacica, Vitória, Vila Velha, Guarapari und Anchieta.

*Physiognomie*

- Abwechslungsreiches Relief, welches sich durch die Nähe der Gebirge zum Küstengebiet kennzeichnet. Präsenz von Bergen wie dem Zuckerhut, Inseln und Buchten. Szenarien atemberaubender Schönheit und Vielfältigkeit. Regenwaldgebiete mit reicher Fauna und Flora sowie mehreren unter Naturschutz stehenden Gebieten. Ökologische und biologische Reservate, historisch – kulturelle Attraktionen wie Kirchen, Klöster, Kapellen, Theatern, Ruinen aus der Jesuitenzeit, Leuchttürme, Kulturhäuser, Mineralwasserquellen und Festungen. Geologische Formation aus dem Prä-Kambrium mit aus dem Meer stammenden Granitstrukturen, wobei die bedeutendste mit einer Höhe von 135 m durch den Penedo verkörpert wird.
- Typische von Buchten abgeschlossene Strände sowie ausgedehnte Strandgebiete am offenem Meer mit Monazitsand und bewahrter Vegetation entlang der Sandbänke. Orte großer historischer Bedeutung.

*Besonderheiten*

- Schöne, abwechslungsreiche Strände.
- Schonerrundfahrten, Sportangeln, Freiluftflüge, Bäder, Tauchgänge, Wanderungen auf Pfaden.
- Parks und Reservate von Land und Gemeinde.
- Historische Monumente, besonders dem Leben von Anchieta zugewandt; Klöster, Kirchen.
- Verschiedene Naturschutzgebiete.

## ES 4 - Pólo Serras Capixabas
**(Zentrum Gebirge von Capixabas)**

*formende Gebiete*

Viana, Domingos Martins, Marechal Floriano, Alfredo Chaves, Vargem Alta, Castelo, Conceição do Castelo, Venda Nova do Imigrante, Afonso Cláudio, Santa Maria de Jetibá, Santa Teresa, São Roque do Canaã, Ibiraçu, Fundão und Santa Leopoldina.

*Physiognomie*

- Ausgedehnte Gebirgsregion, an welcher sich mehrer der höhergelegenen Städte von Espírito Santo befinden. Von erhaltener Vegetation bedeckte Berge; Präsenz großer Felsblöcke. Viele Wasserfälle, Stromschnellen, natürlich geformte Schwimmbecken, Aussichtspunkte, Staudämme und Wasserspeicher. Das kalte Klima sowie die intensive Kolonisation europäischer Kulturen, wie etwa Italienern, Deutschen, Pommeranern, Schweizern und Portugiesen, charakterisieren dieses Zentrum, welches sich auch durch mehrere Naturschutzgebiete kennzeichnet.

*Besonderheiten*

- Abwechslungsreiche Fauna, typische Regenwaldvegetation und Felsbildungen.
- Wanderwege, Aussichtspunkte, komplexe Landschaften und Wasserfälle.
- Gebirgsklima.
- Natürlich erhaltene Gebiete; verschiedene Naturschutzgebiete.
- Reservat Kautsky – Buschwald mit großer Pflanzenvielfalt.
- Museum für Biologie Mello Leitão.
- Kulturelle Traditionen der Einwanderer: Typische Gerichte, Bauten, Museen.

## ES 5 - Pólo Serra do Caparaó
**(Zentrum Gebirge Caparaó)**

*formende Gebiete*

São José do Calçado, Alegre, Guaçuí, Dores do Rio Preto, Divino de São Lourenço, Ibitirama, Iúna, Irupi, Ibatiba und Muniz Freire.

*Physiognomie*

- Eine Fläche an der Grenze zwischen Espírito Santo und Minas Gerais, welche sich durch große Erhöhungen kennzeichnet. Dort hebt sich der Pico da Bandeira (2.980 m) ab, welcher über lange zeitlang als höchster Stelle Brasiliens galt. Die Vegetation wurde durch Abrodungen, Waldbrände und Aktivitäten zur Herstellung von Holzkohle stark beeinflusst. Bezaubernde Landschaften: Wasserfälle, Aussichtspunkte, Berge, steile Gipfel, Gebirge, Felsformierungen und Täler. Intensive Kälte im Winter und andauernde Regenfälle im Sommer. Trotz des tropischen Klimas können die Temperaturen bis auf –10 Grad abfallen, was praktisch immer von Reifbildung begleitet wird.

*Besonderheiten*

- Wanderungen; Landschaftsbetrachtung.
- Brachländer.
- Große Wasserfälle.
- Orte für Camping und Abenteuersport.
- Musikfestival in Alegre.
- Nationalpark Caparaó.

## RIO de JANEIRO

Das Bundesland Rio de Janeiro liegt östlich von São Paulo und südlich von Minas Gerais und Espírito Santo. Sein vorherrschendes Relief wird im überwiegenden Teil des Territoriums durch Gebirge sowie einem breiten Flachland in Küstennähe dargestellt, welches Nahe der Bucht Baia de Guanabara von Bergen bestückt ist. In den Regionen der Flussmündung des Paraíba sowie der Küste zwischen Maricá und Cabo Frio überwiegt ein Relief großer Seen und Lagunen. Mehrere Inseln und Buchten zeichnen das Küstengebiet nahe des Bundeslandes von São Paulo ab.

Im Jahre 1565 durch Estácio de Sá gegründet, war Rio de Janeiro einst Teil der Statthalterschaften São Tomé und São Vicente. Anfangs wurden in der Region durch die Portugiesen Handelsniederlassungen zur Gewinnung der Baumart Brasilholz errichtet und erst nach der Vertreibung der Franzosen aus dem Gebiet begannen sie mit der Stadtbesiedlung. Mit der Entdeckung der Goldminen in Minas begann die Stadt jedoch zunehmend an Bedeutung zu gewinnen, da sie sich zum wichtigsten Verladehafen der aus Minas stammenden Produktion und zur selben Zeit verantwortlich für die Versorgung der Bergbauzentren gestaltete. Die Entwicklung war von solch großem Ausmaße, dass Rio im Jahre 1763 zur Verwaltungshauptstadt der Kolonie heranwuchs.

Ein zweiter Moment großer Entwicklung fand im folgenden Jahrhundert, um 1808, mit dem Umzug der königlichen Familie nach Brasilien statt. Die Stadt wurde zum Hauptsitz des Königreiches, wo gemeinsam mit dem Hof mehr als fünfzehntausend Personen an Land gingen. Mit der Unabhängigkeitserklärung von Brasilien im Jahre 1822 blieb Rio weiterhin Hauptsitz des Hofes und auch mit Ausrufung der Republik Ende des XIX. Jahrhunderts, im Jahre 1889, blieb Rio weiterhin Machtsitz Es wurde zur Hauptstadt des Landes erklärt und als Bundesdistrikt bekannt. Anfangs des XX. Jahrhunderts veränderte eine neue Stadtreform, welche in einem Werk von Baron von Hausmann in Paris inspiriert wurde, auf grundlegende Weise das Stadtbild. Um 1960, als die Bundeshauptstadt nach Brasília umzog, wurde der ehemalige Bundesdistrikt zum neuen Bundesland Guanabara mit Rio de Janeiro als Hauptstadt. Im Jahre 1975 entschloss sich die Bundesregierung zur Fusion der Länder Guanabara und Rio de Janeiro. Dadurch wurde die Metropolregion abgegrenzt und unter mehreren Gemeinden auch die Stadt Rio de Janeiro, Niterói und Baixada Fluminense eingegliedert.

Die Wirtschaft des Landes dreht sich derzeit allgemein gesehen um den Industriepark und den Tourismus. In den letzten Jahrzehnten wurde Rio de Janeiro zum größten Petroleumgewinner des Landes, welches auf der Kontinentalplattform bei Campos befördert wird.

Die landesweite touristische Planung begann im Jahre 1960 mit der FLUMITUR und um 1973 entstand RIOTUR zur Planung der touristischen Entwicklung der Hauptstadt und besonders zur Organisierung des Karnevals.

Rio de Janeiro wurde eigens für den Tourismus aus der Taufe gehoben. Mit einem großem historischen und architektonischen Erbe, einer natürlich abwechslungsreichen Landschaft mit vielen Stränden und dem bekanntesten Karneval der Welt stellt es das bedeutendste touristische Zentrum Brasiliens dar. In der Hauptstadt, welche auch als Cidade Maravilhosa (wunderschöne Stadt) bekannt ist, befindet sich die unverwechselbare Landschaft von Zuckerhut und Corcovado und der Wald bei Tijuca, der größten sich in Stadtzone befindlichen Waldfläche der Welt. Sein Küstengebiet ist mit bekannten und historischen Städten bestückt, welche mit einer guten Infrastruktur aufwarten. So zum Beispiel die Städte Angra dos Reis, Búzios und Cabo Frio. In der Region bei Serra do Mar, Petrópolis und Novo Friburgo werden Landschaften und Bräuche der deutschen und schweizerischen Kolonialzeit bewahrt. Die Städte des Massivs Mantiqueira, wie etwa Visconde de Mauá und Itatiaia – dem ersten brasilianischen Nationalpark – heben sich durch ihre natürliche Schönheit und Anpassung an den Ökotourismus heraus.

Der geschäftliche und veranstaltende Tourismus wuchs mit der Implantierung des RIOCENTRO heran, jenem großen Ausstellungs- und Kongresskomplex, der unter anderem im Jahre 1992 auch schon die Konferenz der Vereinten Nationen empfing.

N.M.
MINAS GERAIS
ESPÍRITO SANTO
BR 040
BR 393
RJ 6 - Vale do Paraíba
RIO DE JANEIRO
RJ 2 - Região de Itatiaia
BR 116
RJ 4 - Região Serrana
P.N. da Serra dos Órgãos
RJ 7 - Costa Doce
BR 101
RJ 5 - Região dos Lagos
P.N. da Serra da Bocaina
P.N. da Tijuca
Rio de Janeiro
RJ 3 - Rio/Niterói
SÃO PAULO
RJ 1 - Costa Verde
Oceano Atlântico
escala gráfica
0
50
100 km

## RJ 1 - Pólo Costa Verde
**(Zentrum Costa Verde)**

*formende Gebiete*
Itacurussá, Angra dos Reis, Mangaratiba und Parati.

*Physiognomie*
- Küstengebiet, welches von wunderschönen Stränden, Buchten und zahlreichen Inseln unterschiedlichster Größe bestückt ist. Sehr gut erhaltene Vegetation, inklusive auch Existenz von Naturschutzgebieten wie der Nationalpark Serra da Bocaina. Viele Waldwege und –Pfade, Wasserfälle, Fauna und Flora, bezaubernde Szenarien. Region antiker Kolonisation mit Präsenz der verschiedenartigsten historischen Zeitzeugen: Kirchen, Herrenhäuser, Festungen und Fazendas.

*Besonderheiten*
- Außergewöhnliche Orte zur Ausübung der verschiedenartigsten Aktivitäten aus dem ökotouristischen Bereich: Tauchgänge, Bootsrundfahrten, Bäder, Klettertouren, Wanderungen, usw.
- Kolonialarchitektur, historische Bauten und Bepflasterungen.
- Aussichtspunkte, natürlich belassene Strände und schwach besuchte Inseln.
- Archäologische Fundstellen.
- Nationalpark Serra da Bocaina

## RJ 2 - Pólo Região de Itatiaia
**(Zentrum Region Itatiaia)**

*formende Gebiete*
Itatiaia, Penedo, Visconde de Mauá und Engenheiro Passos.

*Physiognomie*
- Bergrelief, Abhänge und sehr hohe Gipfel. Strecken mit großen Felsbildungen bzw. üppiger Vegetation bedeckt. Klippen, Wasserfälle, Seen, Flüsse und natürlich geformte Schwimmbecken. Starker Einfluss europäischer Einwanderer in Architektur, Bräuchen und Ernährungsgewohnheiten. Erstes brasilianisches Naturschutzgebiet – der Nationalpark Itatiaia, welcher im Jahre 1937 gegründet wurde.

*Besonderheiten*
- Ideal für Bergsport, Wanderungen, und Beobachtung von Flora und Fauna geeignete Orte.
- Natürlich geformte Schwimmbecken, Bergflüsse und Wasserfälle.
- Kunsthandwerk und typische Speisen der Deutschen, Finnländer, etc.
- Nationalpark Itatiaia.

## RJ 3 - Pólo Rio/Niterói
**(Zentrum Rio/Niterói)**

*formende Gebiete*
Rio de Janeiro und Niterói

*Physiognomie*
- Region von außerordentlicher Schönheit. Verschiedenartigste Strände umsäumt von erhaltenen Regenwaldgebieten. Berge mit enormen isolierten Felsblöcken (wie etwa der Zuckerhut) oder Gebirge bei Baía de Guanabara bildend. Zahlreiche Inseln, Sandbänke und Watts. Kolonialbauten inmitten von Straßenzügen sowie moderne Gebäude und Naturschutzgebiete.

*Besonderheiten*
- Orte für die verschiedenartigsten Modalitäten von Ökotourismus.
- Historisches und kulturelles Erbe – Ruinen, Festungen, Aquädukte, Kunstbrunnen, gut erhaltene Bauten: Paläste, Museen und Residenzen.
- Naturschutzgebiete – Nationalpark Tijuca und Landsitz Burle Marx; Inseln, Sandbänke und Watts.

## RJ 4 - Pólo Região Serrana
**(Zentrum Gebirgsregion)**

*formende Gebiete*
Petrópolis, Teresópolis und Nova Friburgo.

*Physiognomie*
- Gebiet beeindruckender Gebirge mit starken Höhenlagen und beeindruckenden Formationen. Felsgipfel und Berge mit natürlicher Vegetation bedeckt; Aussichtsstellen, Wege und Straßen, Startpunkte für Wanderungen und Klettertouren. Historische Städte; ländliche Besitztümer mit großem europäischen Einfluss.

*Besonderheiten*
- Geeignete Orte und Vorraussetzungen zur Ausübung von Bergsport; inklusive Schulen und spezialisierte Bergführer.
- Szenarien großer Schönheit.
- Pensionen und ökotouristische Routen.
- Historisch – kulturelles Erbe: Museen, Paläste und Schulen.
- Nationalpark Serra dos Órgãos.

## RJ 5 - Pólo Região dos Lagos
**(Zentrum Seenregion)**

*formende Gebiete*
Araruama, Arraial do Cabo, Armação dos Búzios und Barra de São João.

*Physiognomie*
- Sehr schöne Küstenregion mit zahlreichen Stränden, Inseln und Halbinseln. Ein ausgedehntes sandiges Gebiet trennt das Meer von enormen Seen, welche sich exzellent zur Ausübung von Wassersportarten eignen. Ruinen und Beweise bewaffneter Epochen; Orte, an denen Öl und weitere Produkte der Wale gewonnen wurden. Ebene Strände, an denen Salz gewonnen wird, und kommerzieller Fischfang; ihr kaltes Wasser stellt eine ideale Grundlage für die Existenz einer reichen Meeresfauna dar.

*Besonderheiten*
- Meeres- und Seestrände.
- Orte zur Tierbeobachtung: Delphine, Unterwasserfauna, Vögel.
- Bootrundfahrten und exzellente Angelstellen.
- Wanderungen.
- Historische Kirchen, Festungen und Wehre.

## RJ 6 - Pólo Vale do Paraíba
**(Zentrum Vale do Paraíba)**

*formende Gebiete*
Conservatória, Valença, Vassouras, Mendes, Miguel Pereira, Patí do Alferes

*Physiognomie:*
- Bergregion mit Tälern und ebeneren Flächen und in der näheren Umgebung des Flusses Paraíba gelegen. Historische Städte mit Spuren des Adels aus der Imperialzeit sowie historische Fazendas aus der Kaffeeepoche.

*Besonderheiten*
- Private Flächen, welche dem Besuch, Sportangeln oder Entspannung angepasst wurden.
- Historisch – kulturelles Erbe: Museen, Herrenhäuser, Kirchen, Kulturgebäude.

## RJ 7 - Pólo Costa Doce
**(Zentrum Costa Doce)**

*formende Gebiete*
Macaé, Quissamá, Campos und São João da Barra.

*Physiognomie*
- Sehr gut erhaltene Übergangsregion mit überwältigend schönen Stränden, Gebirgen, Flüssen, Seen sowie einer der größten Sandbankgebiete mit zahlreich vertretener und typischer Fauna und Flora, welche jetzt in Form des Nationalparks Jurubatiba geschützt ist. Die tiefgelegenen Landflächen des Flachlandes, welche durch große Seen, überschwemmte Gebiete und Flüsschen gekennzeichnet sind, enden am Bergfuß der Gebirge steiler Gipfel und schöner Vegetationsformen.

*Besonderheiten*
- Enorme biologische Vielfalt.
- Strände, Wasserfälle, Wälder: Orte für die Ausübung verschiedener ökotouristischer Aktivitäten.
- Flussmündung des Paraíba.
- Historisch – kulturelles Erbe: Leuchttürme, Kirchen und historische Gebäude.
- Nationalpark Jurubatiba.

diese Seite: Angra dos Reis, Flussmündung bei Costa Verde sowie Berg Corcovado vom Nationalpark Tijuca aus betrachtet.

andere Seite: Auf der Höhe des Gebirges Bocaina und Bergsportler im Nationalpark Itatiaia

RIO de JANEIRO

diese Seite: Abenddämmerung am Rio Una do Prelado und Flussstrand Verde, ökologische Station Juréia-Itatins

andere Seite: Strand Bonete bei Ilhabela, Berg Cuscuzeiro in Analândia, Teil des Regenwaldes im Tal Ribeira und Fischer am Strand Castelhanos bei Ilhabela

SÃO PAULO

BETO CELLI

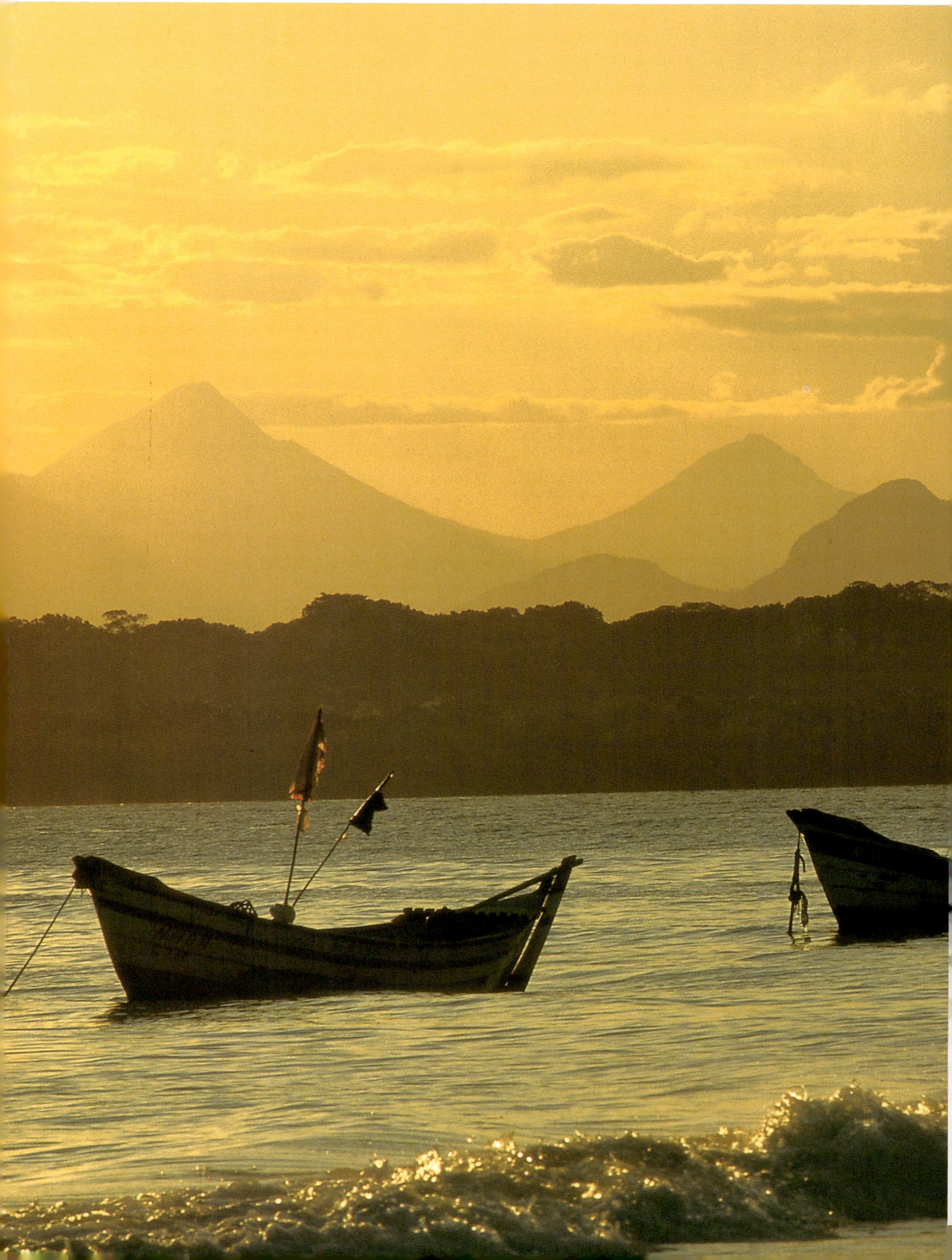

*region* SÜD

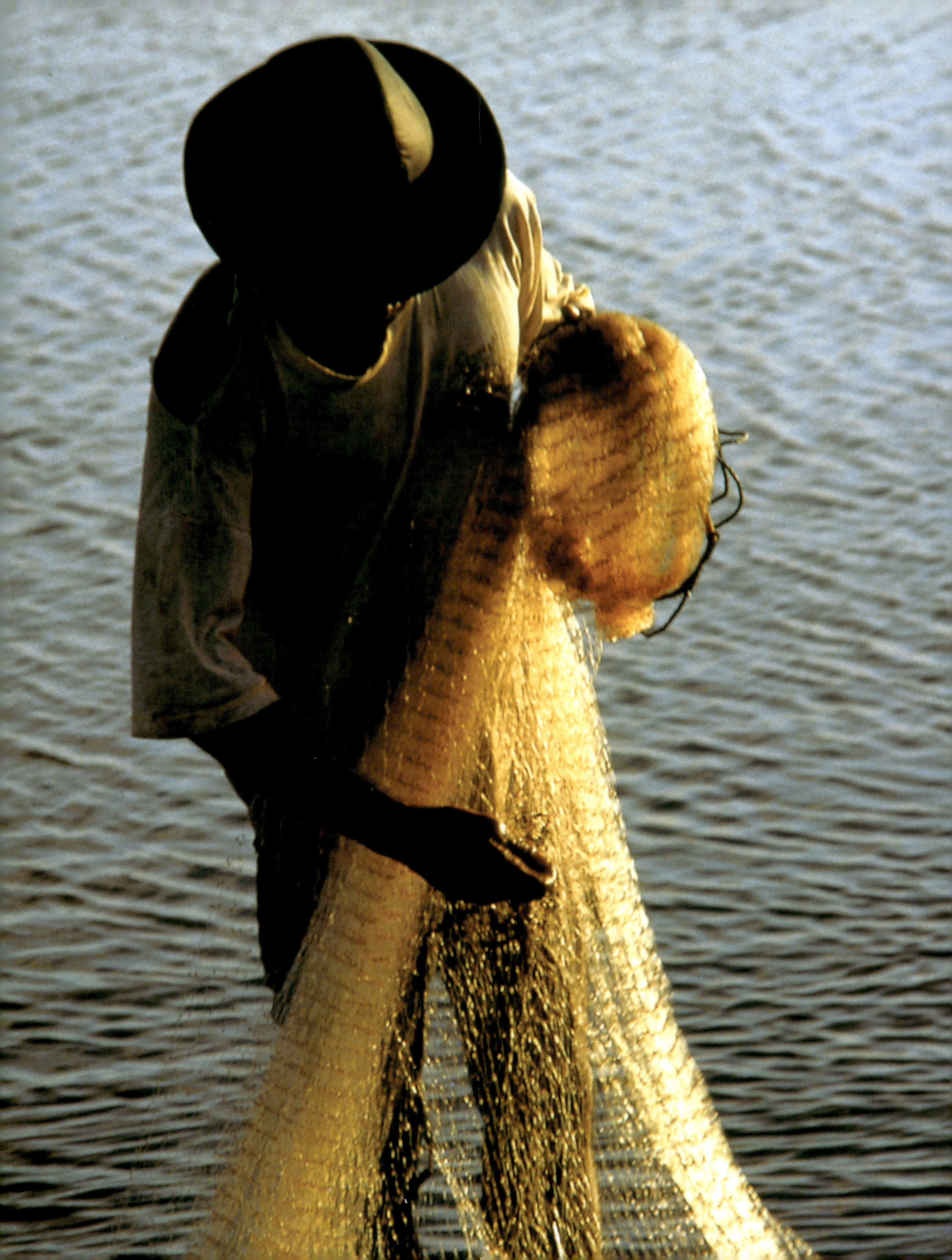

Die Region Süden, welche sich aus den Bundesländern Paraná, Santa Catarina und Rio Grande do Sul bildet, stellt die kleinste aller brasilianischen Regionen dar und verfügt über eine Oberfläche von 577.214 km2, was weniger als 7% des brasilianischen Territoriums entspricht. Die Region weist den drittgrößten Bevölkerungskontingent des Landes auf, welcher wegen der intensiven europäischen Kolonisierung aus dem XIX. Jahrhundert durch eine große Mischung verschiedener Hautfarben bestimmt wird. Mehrere Emigrationswellen hinterließen im gesamten Süden markante Spuren der kulturellen Vielfalt aus den europäischen Ländern.

Im Relief dieser Region hebt sich eine umfassende Vielzahl an Formierungen heraus. So etwa Hochebenen, Flachland, Gebirgen, Bergen und Canyons sowie Inseln vielfältiger Vegetationsarten. Ihre Physiognomie ist sehr bedürftig im Vergleich mit den restlichen brasilianischen Regionen und weist außerdem natürliche Szenarien unglaublicher Schönheit auf. In der Region des Küstengebietes variieren die Höhenlagen vom Meeresspiegel bis hin zu den höchsten Bergspitzen, welche fast 2000 m oberhalb des Meeresspiegels liegen. Der überwiegende Teil der Fläche wird jedoch von einer wellenförmigen Oberfläche in etwa 500 m Höhe bestimmt.

In der Hydrographie überwiegen die Flüsse aus der Hochebene, welche ein dichtes Bewässerungsnetz darstellen und Becken aus dem Landesinneren von Paraná und Uruguay bilden. Außerdem werden aus ihnen große Mengen der an den Berghängen des Küstengebietes gelegenen Becken kleinerer und mittlerer Größenordnung gebildet. Die Flüsse dieser inneren Becken vereinen ihre Gewässer um so den bereits außerhalb von Brasilien gelegenen Fluss Prata zu bilden, während sich die Flüsse der kleineren Becken direkt in den Ozean oder den küstennahen Seen ergießen.

Das Klima im Süden charakterisiert sich im Vergleich zu den restlichen Regionen des Landes durch seine Homogenität. Das vor allem, wenn es um die Regenzeiten geht. In der Hochebene, dem Küstengebiet sowie der atlantischen Küste heben sich Flächen mit einem großen Feuchtigkeitsgehalt und sehr hohen Temperaturen heraus. Als allgemeine Charakteristik gilt ein subtropisches und warmes Klima. Im Laufe des Jahres über liegt eine geringe thermische Schwankung vor. Es können deutlich zwei Jahreszeiten hervorgehoben werden: der Winter, welcher sehr kalt sein kann, bis hin zu Schneefällen sowie der Sommer, welcher als sehr heiß bekannt ist.

In den südlichen Landesregionen kann zwischen drei Waldarten unterschieden werden: dem Regenwald, welcher ab dem Tal von Ribeira an der Grenze zu São Paulo seinen Anlauf nimmt und sich bis nach Tramandaí in Rio Grande do Sul erstreckt; dem Wald von Araucárias, mit wichtigen noch erhaltenen Beständen in den Hochebenen von Paraná und Santa Catarina sowie dem Wald Estacional im Becken von Paraná – Uruguay mit seinen größeren Beständen entlang der Flüsse Paraná, Uruguay und deren Nebenflüssen. Abgesehen von diesen Formierungen treten ausgedehnte Savanneflächen auf, welche die bestellten und brachliegenden Felder von Campos Gerais in Paraná einnehmen, sowie Landformierungen in der Hochebene von Santa Catarina, Rio Grande do Sul und kleineren Gebieten, welche lokale Bezeichnungen erhalten.

Die enorme Vielfalt der Landschaften sowie die kulturellen Charakteristiken der südlichen Region stellen ein großes touristisches Potenzial dar. Laut von der EMBRATUR zur Verfügung gestellten Informationen, kommen unter den acht landesweit am meistbesuchtesten Städten vier aus dem Süden: Florianópolis, Foz do Iguaçu, Porto Alegre und Camboriú. In ihnen und ihrer Umgebung stößt man auf unzählige Attraktionen für den Ökotourismus.

letzte Seite: Nationalpark Superagui, Paraná
andere Seite: Fischer am Strand Ararapira, Nationalpark Superagui, Paraná

*region* SÜD

# PARANÁ

Das Bundesland Paraná grenzt nördlich an São Paulo, südlich an Santa Catarina, westlich an Mato Grosso do Sul, Argentinien und Paraguay und östlich an den atlantischen Ozean.

Es verfügt über einen kleinen Küstenstreifen, welcher durch den Komplex Estuarino Lagunar Paranaguá-Guaraqueçaba sowie beeindruckenden Erhöhungen im Meeresgebirges mit Böschungen und von typischer Höhenvegetation bedeckten Gipfeln gekennzeichnet ist. In Richtung Landesinnern heben sich drei verschiedene Flächen der Hochebene ab, mit vielen Flüssen, Wasserfällen und Canons. Inmitten einer geschwungenen Landschaft stößt man noch auf vereinzelte Flecken an Nadelwald und Regenwald, welche jedoch durch landwirtschaftliche Aktivitäten sowie Abrodung fast völlig verschwunden sind. An der Grenze zu Paraguay und Argentinien bildet das Gefälle des Rio Iguaçu einen der weltweit größten Wasserfälle, welche gleichzeitig eine unglaublich schöne touristische Attraktion darstellen.

Das Territorium von Paraná war anfangs Teil der Statthalterschaft von São Vicente, welches ebenfalls zu São Paulo gehörte. Es wurde von den Expeditionen der Kreuzritter auf der Suche nach Indios zu deren Gefangenschaft bzw. nach Gold oder Edelsteinen durchquert.

Mit der Entdeckung des Goldes in Minas, Goiás und Mato Grosso erwies sich die große Anzahl an Personen, welche sich von nun an ausschließlich dem Bergbau zuwandten, als günstig, wodurch die Ansprüche an die aus den anderen Regionen stammenden Waren anstieg. Lebensmittel, Kleidung, Waffen, usw. mussten über lange Strecken hinweg befördert werden um so die Siedlungen der Bergarbeiter zu versorgen. Der Transport wurde mittels großer Herden an Maultieren durchgeführt. Diese wurden meist von Paulistanern organisiert, welche die Tiere im Süden erstanden um dann mit ihnen einen Teil des Landes zu durchqueren.

An den Ufern, der Routen, welche von den Viehtreiber benutzt wurden, sowie an den Orten, die zum Austausch und der Erholung der Tiere dienten, entstanden nach und nach vereinzelte Häuser sowie Plätze für die Rinderzucht und später Siedlungen, welche in Paraná und anderen Ländern zu Städten wie Castro, Ponta Grossa, Lapa und zahlreichen weiteren führten.

Das Erschöpfen der Minen sowie der Bau der ersten Eisenstrecken änderte die Richtung der Kolonisation. Die fruchtbaren Ländereien nördlich von Paraná wurden mit Kaffeepflanzungen und anderen Kulturen bestellt. Ab dem XX. Jahrhundert fand durch den Kaffee sowie der Ankunft der Einwanderer verschiedener europäischer Länder, unter ihnen auch Italiener und Polen, eine große wirtschaftliche Entwicklung statt. Die Ackerflächen und die Abrodung gestalteten Paraná in weniger als 100 Jahren zu einem armen und schwach bevölkerten Land in einem der reichsten Bundesländer Brasiliens.

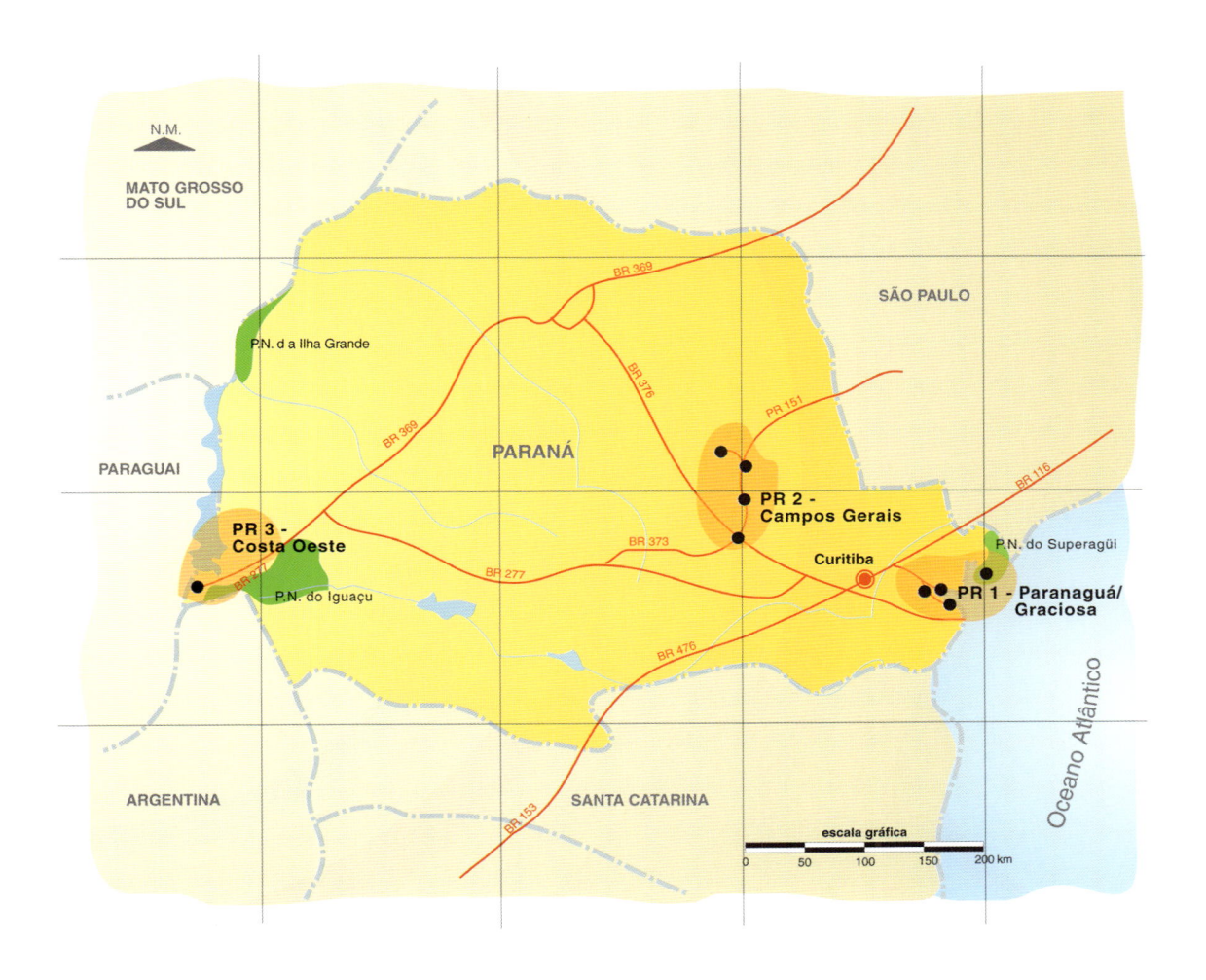

## Paraná

- **PR 3 - Costa Oeste**
- **PR 2 - Campos Gerais**
- **PR 1 - Paranaguá/Graciosa**

Curitiba

P.N. da Ilha Grande
P.N. do Iguaçu
P.N. do Superagüi

MATO GROSSO DO SUL
PARAGUAI
ARGENTINA
SANTA CATARINA
SÃO PAULO
Oceano Atlântico

BR 369, BR 376, BR 277, BR 373, BR 476, BR 116, BR 153, PR 151

escala gráfica
0 50 100 150 200 km

N.M.

## PR 1 - Pólo Paranaguá/Graciosa
**(Zentrum Paranaguá/Graciosa)**

*formende Gebiete*

Komplex Estuarino Lagunar de Paranaguá/ Guaraqueçaba und Landespark Marumbi.

*Physiognomie*

- Das Zentrum wird von den höheren Gebieten bei Serra do Mar abgegrenzt, welche Höhenlagen über 1.000 m aufweisen. Dabei heben sich lediglich die Gipfel Marumbi und Paraná mit einer Höhe von etwa 2.000 m sowie die ozeanischen Anblicke auf die Inseln Mel und Superagui ab. Es umfasst die gesamte sedimentäre Flachlandregion, Buchten sowie Inseln und Kanäle, welche sich zwischen Guaraqueçaba, Antonia, Morretes und Paranaguá befinden. Orte, welche über ein reiches historisches Erbe sowie große Regenwaldbestände verfügen.

*Besonderheiten*

- Flüsse, Wasserfälle und Meer, eine große Besonderheit für Genießer von Wassersportarten.
- Bootsrundfahrten entlang der Buchten.
- Geeignete Orte zur Ausübung von Rafting und Wasserreiten.
- Betrachtung der Fauna und Flora von Pfaden, Aussichtspunkten und Rastplätzen aus.
- Historische Architektur mit Herrenhäusern, Kirchen und Festungen.
- Zahlreiche Naturschutzgebieten.
- Nationalpark Superagui.

## PR 2 - Pólo Campos Gerais
**(Zentrum Campos Gerais)**

*formende Gebiete*

Landesparks Vila Velha und Guartelá

*Physiognomie*

- Ein großer Teil der flachliegenden Landflächen, welche sich mit einer Höhenlage von 1.000 m in der zweiten Hochebene, der Platamar de Bacia do Paraná befinden, stellen Zeitzeugen von Sedimentär- und Erosionsprozessen dar, die sich vor Tausenden von Jahren ereigneten. Die beeindruckenden Sandsteingebilde aus Vila Velha, die zirkulären Krater bei Furnas, die ausgedehnten Canons bei Guartelá sowie die Seen und Flüsse mit ihren Stromschnellen und Wasserfällen verleihen der Region sehr interessantes natürliches Aussehen. Die Vegetation wird im überwiegenden Teil durch Brachland, Buschsteppe sowie Galeriewäldern dargestellt.

*Besonderheiten*

- Idealer Ort zur Durchführung von Wanderungen, Beobachtung von Flora und Fauna.
- Felsbildungen und Höhlen, vor allem in Vila Velha.
- Canons und primitive Inschriften.
- Flüsse mit Wasserfällen und Stromschnellen, welche Freunde radikaler Wassersportarten begeistern.
- Erleben von Geschichte und Kultur der Viehtreiber bei einem Besuch auf den Fazendas.
- Ökologische Reservate, an denen wilde Tierspezies gehalten werden.

## PR 3 - Pólo Costa Oeste
**(Zentrum Westküste)**

*formende Gebiete*
Teil des Speicherbeckens von Itaipi und dessen Umgebung, wobei der Nationalpark Iguaçu und die Gemeinde Itaipulândia als Scheitelpunkte gelten.

*Physiognomie*
- Grenzregion zwischen Brasilien, Paraguay und Argentinien mit leichtgewelltem Relief und einer mittleren Höhenlage von 192 m sowie nährstoffreichem und zur Bestellung gut geeignetem Boden. Ein großer Teil der Fläche wird durch den Nationalpark von Iguaçu und andere Gebiete an den Uferregionen des immensen, künstlich angelegten Sees Itaipu eingenommen. Die überwiegende physiognomische Charakteristik wird durch das Wassernetz sowie die zahlreichen Wasserfälle gekennzeichnet, unter denen sich die Wasserfälle bei Iguaçu befinden, der größten touristischen Attraktion der Region. Die natürliche Vegetation ist sehr bescheiden mit Ausnahme jener in den Waldregionen, welche die Flüsse und bewahrten Gebiete umsäumen (subtropisches und tropisches Seenwaldgebiet mit Wiesenflächen).

*Besonderheiten*
- Besuch der Wasserfälle von Iguaçu sowie des Wasserkraftwerkes Itaipu mit Möglichkeit einer Bootsrundfahrt oder Panoramarundflügen mit dem Helikopter.
- Beobachtung von Flora und Fauna während Spaziergängen durch den Nationalpark Iguaçu.
- Parks und wieder intaktgestellten Gebieten um den Nationalpark.
- Grenzübergang; Besuch der argentinischen und paraguayischen Seite.
- Museen, freistehende Spitzfeiler, Brücken.
- Exzellente touristische Infrastruktur.

diese Seite: Abenddämmerung und Schwarzkehl Arassari, Nationalpark Superagui

andere Seite: Neoregelye aus der Bergsicht der Insel Cardoso und Geigenspieler bei Fátima, Nationalpark Superagui

PARANÁ

DELFIM MARTINS

# SANTA CATARINA

andere Seite: Altes Haus des Stadtteils Moçambique und Lagoinha do Leste, Florianópolis

diese Seite: Pedra Furada im Nationalpark São Joaquim und See in den Dünen von Joaquina in Florianópolis

# SANTA CATARINA

Die Grenzen des Bundeslandes Santa Catarina werden nördlich von Paraná, südlich von Rio Grande do Sul, westlich von Argentinien und östlich durch den atlantischen Ozean bestimmt.

Zwei entfernte Physiognomien, welche durch die Gebirge Mar und Geral abgegrenzt werden, kennzeichnen das Relief von Santa Catarina: eine Küste, welche von unzähligen Buchten, Inseln, Seen, überschwemmten Gebieten und Watts geteilt wird. Ebenso die Region der Hochebene mit ihren sehr schönen Gebirgen, Tälern und Feldern.

Im gesamten Bundesland befinden sich immer noch Naturschutzgebiete mit natürlich belassenen Vegetationsarten und reicher Artenvielfalt, unter denen sich der Regenwald und der Araucária – Wald sowie mehrere weitere küstengelegene Ökosysteme herausheben.

Die Kolonisation nahm in den armen Küstensiedlungen ihren Anlauf, welche von den Paulistanern aus São Vicente gegründet wurden und in denen die Bevölkerung vom Fischfang sowie dem Getreide- und Maisanbau lebte und so ihre landwirtschaftlichen Aktivitäten für den Eigenbedarf betrieb. Markierende Faktoren waren die Ankunft der Kolonisten aus den Azoren und der Insel Madeira sowie die Landkämpfe zwischen Spanien und Portugal, welche die Region durch die Errichtung massiver Bauten zur Verteidigung, Siedlungen, Speisen und typischem Kunsthandwerk beeinflussten. Ab 1850 wurde die europäische Einwanderungswelle mit Ankunft der Landwirte (vor allem deutsche) intensiviert, welche an diesem Ort ihr gewohntes Umfeld errichteten, die Ländereien in kleine Landabschnitte aufteilten und sich der aus ihrem Ursprungslande traditionellen Architektur und Bräuchen bedienten, was man bis in die heutige Zeit hinein spüren kann. Es folgten weitere Wellen an Einwanderern, unter welchen sich Italiener befanden, die sich an der südlichen Küste niederließen und in dieser Region neue Kolonien gründeten. Dabei wurde die Landwirtschaft sowie die Lebensmittelindustrie entwickelt, welche sich aus dem Anbau von Weizen, Mais und Gerste sowie der Schweinezucht und den Anbaugebieten von Wein und Obstkulturen ergaben.

Derzeit sind die Aktivitäten in der ländlichen Region von Santa Catarina noch sehr zahlreich, ein großer Teil seiner Wirtschaft basiert sich jedoch nun in der Industrie. Dabei heben sich Textilien, Keramik, Kristalle sowie der Bergbau heraus.

Die enorme landschaftliche Vielfalt sowie kulturellen Eigenheiten konzentrieren im gesamtem Bundesland ein großes Potenzial für die Entwicklung des Ökotourismus.

## Santa Catarina

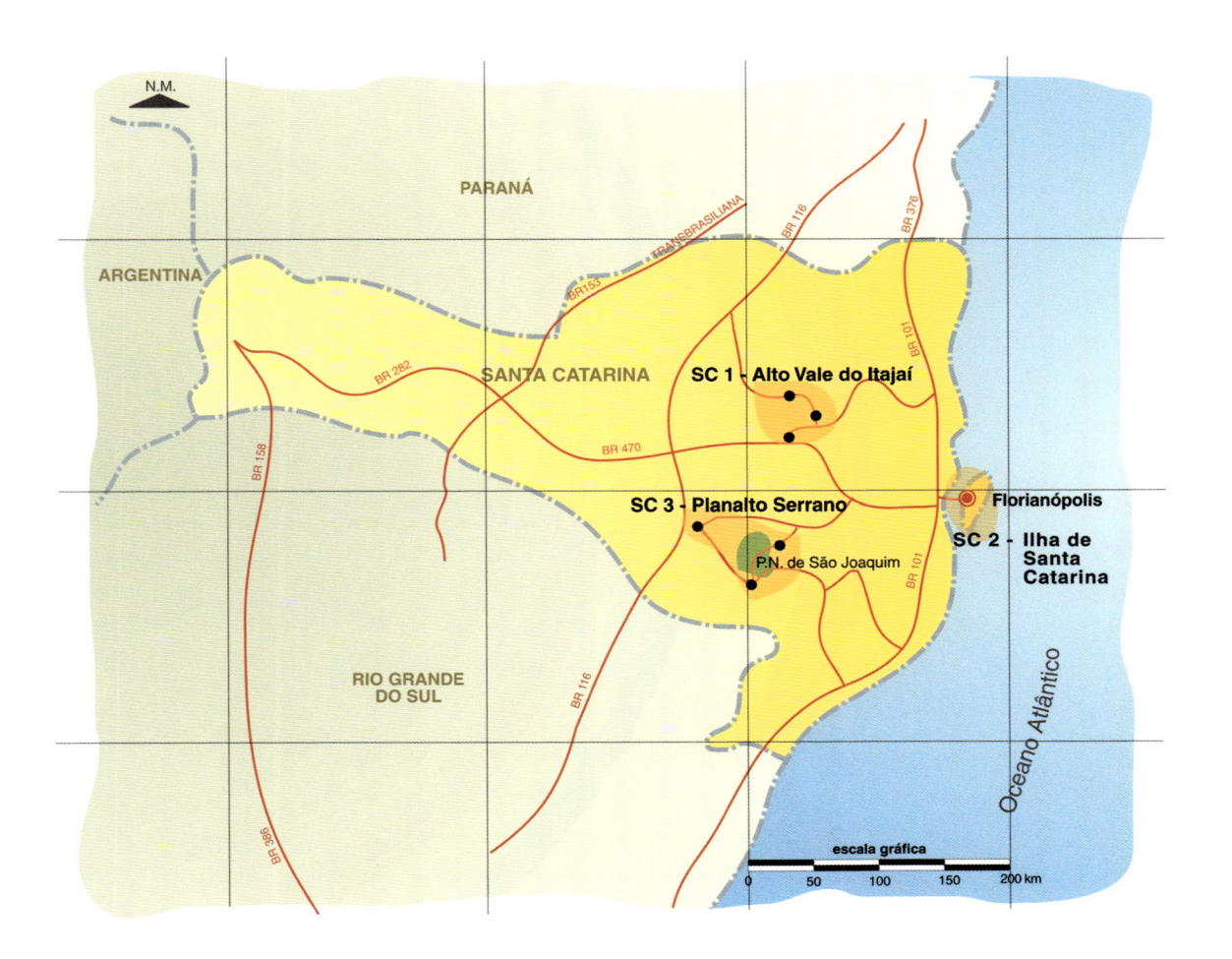

- SC 1 - Alto Vale do Itajaí
- SC 2 - Ilha de Santa Catarina
- SC 3 - Planalto Serrano

## SC 1 - Pólo Alto Vale do Itajaí
**(Zentrum Alto Vale do Itajaí)**

*formende Gebiete*
Scheitelpunkte des Tales Itajaí, am Zusammenfluss der Flüsse Itajaí do Norte und Itajaí-Açu.

*Physiognomie*
- Überwiegend abssteigendes Relief des Alto Rio Itajaí; das Zentrum wird von Tälern unterbrochen und durch Abhänge abgegrenzt. Südlich weist es eine schwache Gebirgserhöhung der Leste Catarinens auf. Große Flächen dieser Erhöhung befinden sich in einer Höhenlage zwischen 400 und 800 m. Übergangsvegetation zwischen Regen- und Tannenwald.

*Besonderheiten*
- Das natürlich erhaltene Potenzial wird in zahlreichen Tälern durch große Gebiete erhaltener Waldflächen verkörpert.
- Flüsse, welche sich sehr gut zur Ausübung von Sportarten wie Rafting und Rapel eignen.
- Zahlreiche Wasserfälle.
- Pfade zur Beobachtung von Flora und Fauna.
- Architektur von Häusern im Zimmerwerksstil sowie weiteren Zeichen europäischer Kolonisation.
- Eisenbahnmuseum in Rio do Sul.

## SC 2 - Pólo Ilha de Santa Catarina
**(Zentrum Insel Santa Catarina)**

*formende Gebiete*
Das Zentrum wird durch Abgrenzungen der in der Gemeinde Florianópolis und dessen Umgebung bestehenden Naturschutzgebiete bestimmt, wobei es südlich vom Landespark Serra do Tabuleiro, nördlich vom biologischen Reservat Arvoredo und nordöstlich vom APA Anhatomirim umgeben wird.

*Physiognomie*
- Der Ozean, die zahlreichen kleineren Inseln sowie die großen quartären Flachlandgebiete, die sich in einer unglaublich schönen Küstenregion befinden, von welcher der überwiegende Teil einer Inselgruppe angehört, deren größte Insel Santa Catarina ist und in Anhatomirim über Höhenlagen von bis zu 620 m sowie dem Berg Ribeirão mit seinen 540 m verfügt, stellen eine sehr starke geomorphologische Reichhaltigkeit dar. Die Regenwaldvegetation wurde bereits stark verändert. Es lassen sich jedoch noch einige bewahrte Überreste auffinden. Das Zusammenspiel von Watts belegt einen großen Teil der Küstenregion.

*Besonderheiten*
- Strände, Berge, Flachlandregionen, Seen sowie Inseln zur Ausübung der verschiedenartigsten Aktivitäten des Ökotourismus.
- Steilstrände, welche Aktivitäten wie Sportangeln und Surfen ermöglichen.
- Ruhige Strände, welche durch natürliche Wellenbrecher oder Buchten geschützt sind und sich für Wassersport, Sportangeln und Tauchgänge als ideal erweisen.
- Unterbrochene Küste, an welcher die Uferlinie ideal zur Ausübung von Wassersportarten, unabhängigen Tauchgängen sowie zur Betrachtung geeignet ist.
- Mehrere Naturschutzgebiete, an denen sich die verschiedensten noch bewahrten Ökosysteme auffinden lassen.
- Exzellente touristische Infrastruktur.

## SC 3 - Pólo Planalto Serrano
**(Zentrum Planalto Serrano)**

*formende Gebiete*
Region bei Lages und das Zusammenspiel, welches sich aus dem Nationalpark São Joaquim sowie den angrenzenden Gebirgen in Urubici, Bom Jardim da Serra und São Joaquim befinden.

*Physiognomie*
- Region von Hochebenen (Lages), in welcher sich viele Fazendas befinden; an diesem Ort bildet sich ein starker Ökotourismus heraus und es gibt bedeutende Zeitzeigen aus der Viehtreiberzeit. Sie befindet sich eine Stufe unter den Patamares des Flusses Itajaí und der Hochebene von Campos Gerais und weiter östlich, den Böschungen von Serra Geral. Die andere Landfläche (Nationalpark São Joaquim und Umgebung) weist starke Höhenlagen sowie sehr schöne Felsbildungen auf. Die überwiegende Vegetationsart setzt sich aus Feldern und Tannewald zusammen.

*Besonderheiten*
- Heterogenes Relief, welches Aktivitäten wie Wanderungen, Bergsport, Rapel, radikalen Wassersport und berittenen Ausflügen begünstigt.
- Auf einigen Flüssen kann Kanusport betrieben werden.
- Sportangeln und Wassersport können in breitem Umfeld am Staudamm Caveiras betrieben werden.
- Regionale Pinienkern- (Lages) und Apfelfeste (São Joaquim).
- Unterkünfte auf Fazendas – ländlicher Tourismus.
- Im Winter sehr kaltes Klima, mit gelegentlichen Schneefällen.
- Nationalpark São Joaquim.

# RIO GRANDE do SUL

Das Bundesland Rio Grande do Sul grenzt nördlich an Santa Catarina, östlich an den atlantischen Ozean, südlich an Uruguay und westlich an Argentinien.

Was sein Relief betrifft, so hebt sich dabei eine nördlich gelegene Gebirgsregion, Hochebenen und Flachländer im Landesinneren sowie ein großes Flachland am Küstengebiet heraus, an welchem sich unzählige Seen verschiedenartiger Größe, weit ausgedehnte Strände und eine Unmenge überschwemmter Gebieten befinden. Die Hochebenen im Landesinneren waren einst von Nadelwäldern bedeckt und enden in abruptem Böschungen bzw. nehmen in einer sanften von ländlicher Vegetation bedeckten Topographie ihren Lauf und formen so die Campanha Gaucha, welche die Hälfte dieser Landgebiete bedeckt und als geeignetste Weidefläche des Südens gilt.

Die Besiedlung dieser Landregion begann mit den Missionen, welche von spanischen Jesuiten an den Ufern des Uruguai errichtet wurden. In ihnen lebten zahlreiche indianische Stämme. Sie stellte das Angriffsziel der aus São Paulo kommenden Kreuzritter dar, die als Indianerfänger galten. Die Jesuiten führten in der Region die Rinder, Pferde und Maultiere ein und verrichteten mit Unterstützung der Einheimischen Land- und Viehwirtschaft. Die Zucht sowie der Handel mit Vieh nahm während der Bergbauperiode noch mehr zu. Einer Zeit, in welcher sich ein großer Absatzmarkt an Tieren für den Transport und die Fleischlieferung bildete. Die sogenannte Rinderroute, welche den Süden des Landes mit São Paulo verband, war für die Region bis Anfang des XIX. Jahrhundert von großer wirtschaftlicher Bedeutung. Sie trug zur Integrierung des Landes bei und verlieh jenen Volksgruppen Ursprung, welche sich zur Schäfergemeinde der Gauchen herausbildete. Die europäische Kolonisation ergänzte die Besetzung mit der Festigung kleiner Landgüter und erreichte während der Republik ihren Höhepunkt. Das Gedeihen auf dem Lande und die Viehzucht führte die Viehhalter und Landwirte dazu jene industriell verarbeiteten Produkte zu importieren, die sie benötigten und zum daraus folgenden Industrialisierungsprozess. Dieser war anfangs besonders in den Zweigen der Getreideverarbeitung sehr aktiv. Derzeit stellt Porto Alegre und Umgebung das größte Industriegebiet von Rio Grande do Sul dar. Jedoch kann auch in anderen Städten auf Beispiele großer Entwicklung zurückgeschlossen werden, wie etwa bei der Weinverarbeitung, Möbelherstellung, chemischen Produktion, Lebensmittelindustrie, Lederveredlung, usw.

Die Landschaften der Gebirge des Südens, der zentralen und an der Küste gelegenen Flachlandregionen so wie die Spuren seiner Kolonisation sind Zeichen eines großen Entwicklungspotenzials für den Ökotourismus.

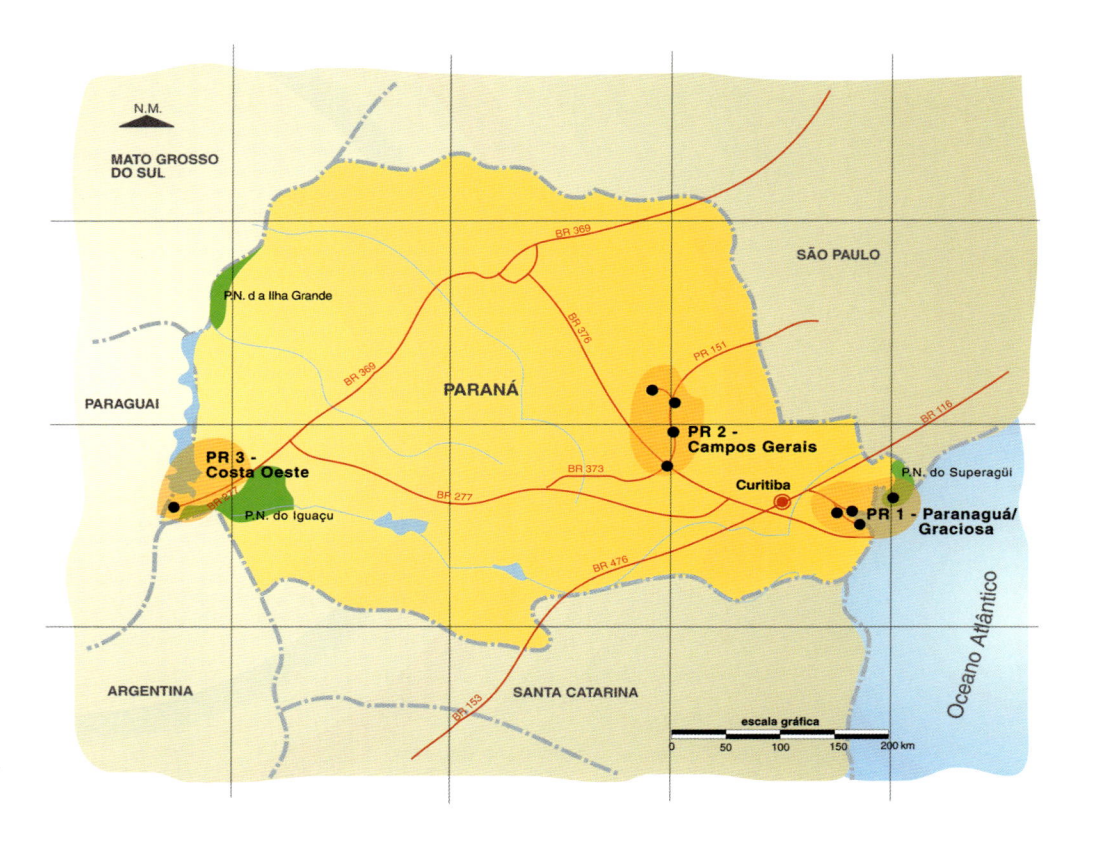

## RS 1 - Pólo Serra Gaúcha
**(Zentrum Serra Gaúcha)**

*formende Gebiete*
Canela/Gramado bis zu den Nationalparks Aparados da Serra und Serra Geral.

*Physiognomie*
- Da Zentrum zeichnet sich durch die erhobenen Landflächen der Gebiete bei Serra Geral ab, wobei die Gegenden um Canela, Gramado, Nova Petrópolis, São Francisco do Sul bis hin zur Grenze von Rio Grande do Sul und Santa Catarina (Praia Grande) umfasst werden. Auf der Fläche, welche den beiden Nationalparks angehört, verleihen der abgeflachte Eindruck des Geländes, welche vor Ort als gestutzt bezeichnet wird, die großen Canons sowie die von Flüssen mit Stromschnellen durchschnittenen Felder des Hochlandes dem Zentrum sein charakteristisches Aussehen. Die Vegetation besteht sich im Grundlegenden aus an den Atlantik grenzenden Waldgebieten an den östlichen Gebirgshängen und Tälern, wie auch aus Nadelwald und Brachland.

*Besonderheiten*
- Die wunderschöne Topographie und Vegetation kommen einer Betrachtung, dem Studieren selbiger, berittenen Ausflügen sowohl radikalen Sportarten zugute.
- Mehrere Naturschutzgebiete, ideal zur Beobachtung der Flora geeignet, mit unzähligen Spezies und ausgeglichenem Klima.
- Typische Bauten und Bräuche der Gauchen sowie deutscher und italienischer Einwanderer.
- Exzellente touristische Infrastruktur.
- Nationalparks mit Pfaden und informativem Material.

## RS 2 - Pólo Região Central
**(Zentrum zentrale Region)**

*formende Gebiete*
Übergangsgebiet zwischen höherliegenden Landflächen am Ende der Buschsteppe Serra Geral und den tiefgelegenen und ebenen Landflächen der Pampa Gaúcho: Agudo, Camobi, Silveira Martins, Ivorá, Faxinal do Soturno, Itaara und Santa Maria.

*Physiognomie*
- Zwei aus topographischer Hinsicht stark definierte Aspekte charakterisieren das Zentrum: die tiefergelegenen und leicht geschwungenen Landgebiete, welche im überwiegenden Teil präsent sind sowie die Abhänge bei Serra Geral, nördlich gelegen.
- Die Vegetationsart wird durch dichte und durchgängige Waldgebiete (Waldgebiet Alto Uruguai) sowie Felder bestimmt, auf welchen Reste versteinerter Bäume gefunden wurden. Starke Präsenz italienischer Einwanderer.

*Besonderheiten*
- In den Vorgebirgen von Serra Geral begünstigen verschiedene Nebenflüsse des Jacuí mit ihren Wasserfällen und Stromschnellen die Landschaftsbetrachtung sowie radikale Sportarten.
- Paläontologische Gebilde werden in der Region noch wenig aufgesucht. Unter ihnen stößt man auf Reste versteinerter Wälder und tierische Fossilien.
- Spuren italienischer Kolonisation – Museen, Kirchen, Gastronomie.
- Touristische Gebirgsstraße, welche von Paraíso do Sul bis nach Santiago 22 von bewaldeten Gebieten umgebene Gemeinden durchläuft.
- Integrierte Routen an ländlichem, kulturellem und ökologischem Tourismus – Quarta Colônia.
- Religiöse Feierlichkeiten und Volksfeste.

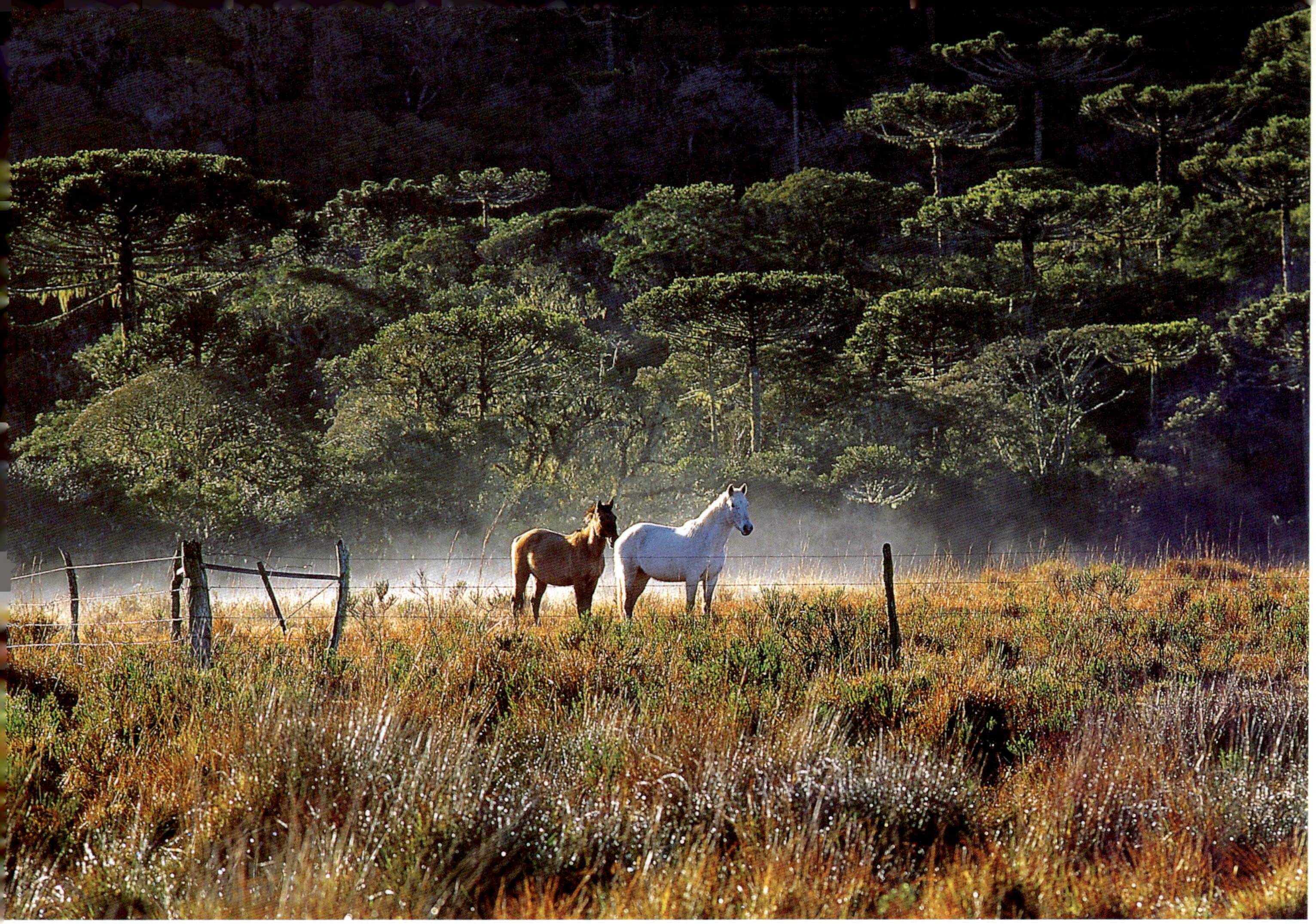

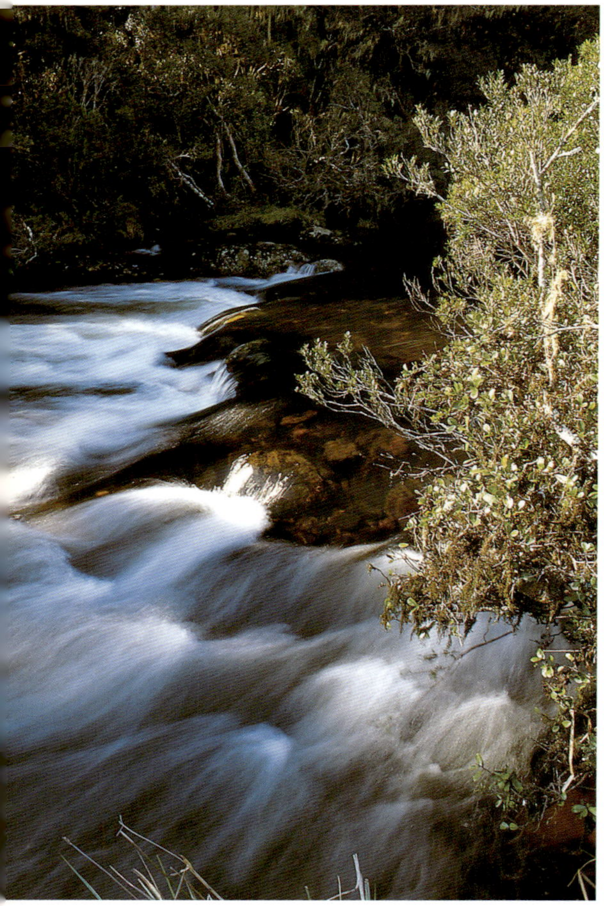

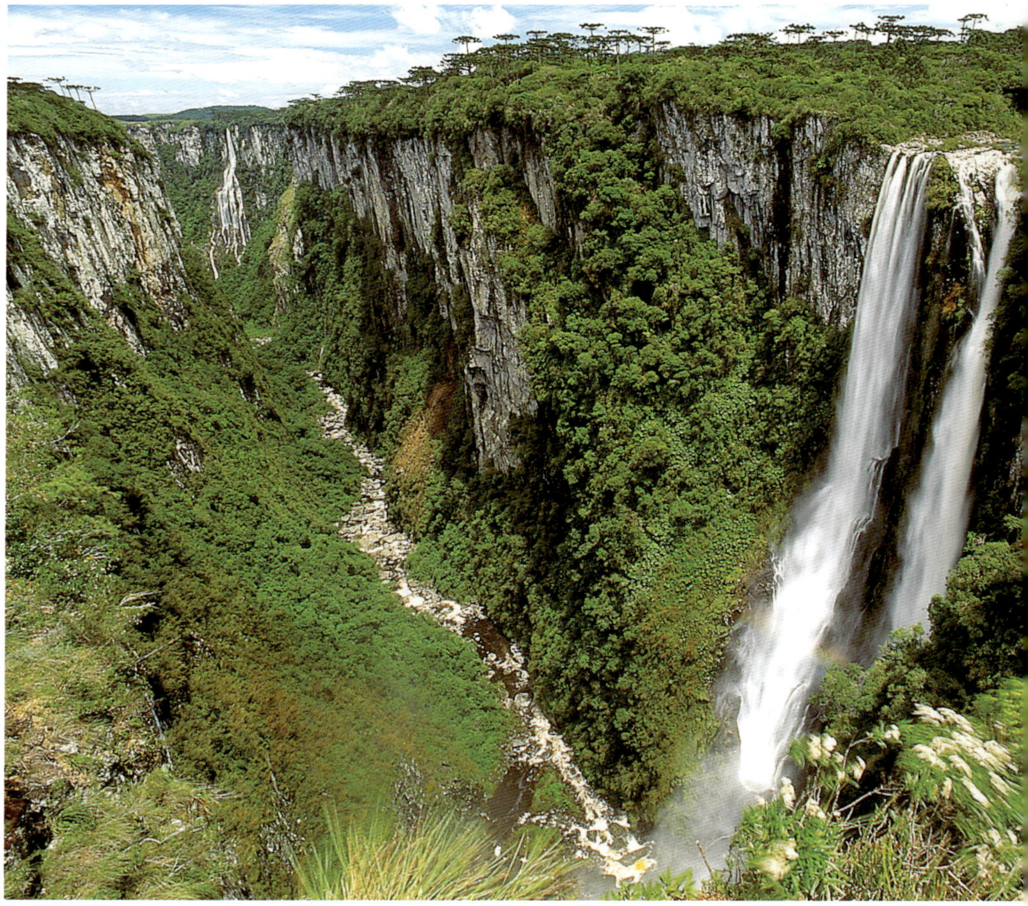

# RIO GRANDE do SUL

andere Seite: Reif auf den Feldern, Flussabschnitt und Canon Itaimbezinho, Nationalpark Aparados da Serra

diese Seite: Weißhalsibis und Schmalblättrige Schmucktanne, Nationalpark Aparados da Serra

Seite 3: Nationalpark der Lençóis Maranhenses, Maranhão

Seite 4: Hellroter Ara, Fluss Baú, Pará

Seite 7: Wasserfall Formosa, Nationalpark Serra do Divisor, Acre.

*Verlag*
Terragraph Artes e Informática

*Design und Produktion*
Shadow Design

*Fotoedition*
Araquém Alcântara

*Text*
Nicia Wendel de Magalhães
Claudia Vieitas
Guilherme Wendel de Magalhães

*Übersetzung*
Christoph Leuschner

*Kartographie*
Ana Letícia Tezolini Prado
Damila Bueno Antunes
Luiz Fernando Martini
Marcelo Camargo Nonato

*Unterstützung*
Institut für Kultur Takano

*Fotolithografie, Druck und Endbearbeitung*
Takano Editora Gráfica Ltda.

©Copyright 2001 Editorial
TERRAGRAPH ARTES E INFORMÁTICA

*Alle Rechte dieses Werkes bleiben vorbehalten.*
*Jede Art von Reproduktion ist untersagt,*
*sei es auf elektronischer oder mechanischer Weise, per Fotokopie,*
*Aufnahme oder jeder weiteren Art*
*ohne der ausdrücklichen Genehmigung des Verlegers.*

Gedruckt in Brasilien

**SHADOW**DESIGN

Dados Internacionais de Catalogação na Publicação (CIP)
(Câmara Brasileira do Livro, SP, Brasil)

Zentren des Ökotourismus: Brasilien / Guilherme Wendel de Magalhães coordenador ; fotos de Araquém Alcântara. — 1. ed. — São Paulo : Terragraph, 2001.

ISBN 85-88195-02-X

1. Ecoturismo - Brasil 2. Turismo - Brasil I. Magalhães, Guilherme Wendel de. II. Alcântara, Araquém.

00-5148                                    CDD-338.479181

Índices para catálogo sistemático:

1. Brasil : Ecoturismo : Pólos            338.479181
2. Ecoturismo : Pólos : Brasil
    338.479181
3. Pólos : Ecoturismo : Brasil
    338.479181